MW00467349

赫尔曼·巴文克
论荷兰新加尔文主义

Herman Bavinck on Dutch Neo-Calvinism

编 者　徐西面
英 译　邵大卫

SDNCS

荷兰新加尔文主义丛书
Studies in Dutch Neo-Calvinism Series

陈佐人 曾劭恺 徐西面 ◎ 主编

贤理·璀雅
LATERIA PRESS

中文版权 © 贤理·璀雅

编者 / 徐西面
英译 / 邵大卫
荷译 / 徐西面
审校 / 徐西面
中文校对 / 吴夏，岑跃环

中文书名 / 赫尔曼·巴文克论荷兰新加尔文主义
英文书名 / Herman Bavinck on Dutch Neo-Calvinism
所属丛书 / 荷兰新加尔文主义丛书
丛书主编 / 陈佐人，曾劭恺，徐西面

本书部分经文引自《和合本》和《和合本修订版》，版权属香港圣经公会所有，蒙允准使用。其余经文直接译自英文原文。

策划 / 李咏祈，徐西面
内页设计 / 祝慧玲，李浩
封面设计 / 祝慧玲，李浩
出版 / 贤理·璀雅出版社
地址：英国苏格兰爱丁堡
网址：https://latreiapress.org
电邮：contact@latreiapress.org
中文初版 / 2019 年 11 月

ISBN：978-1-913282-02-8

此书献给

陆亮和郑荞夫妇
熊国力和朱婷夫妇
郭昱东弟兄
王约翰弟兄

感谢他们对文字事工的支持与奉献!

目　录
Contents

荷兰新加尔文主义丛书序

　　荷兰新加尔文主义是在现代荷兰王国的历史中发展出来的重要基督教神学传统，在普世基督教神学中独树一帜。若要认识欧洲低地国历史与现代西方神学的发展，荷兰新加尔文主义是极之重要的文化源流与神学思想传统。

　　16 世纪的欧洲出现了风起云涌的宗教改革运动，当时在鹿特丹的伊拉斯谟提倡温和改革的路线，与德国马丁路德的改教运动分庭抗礼。17 世纪被称为宗教战争的时代，当时的低地地区与西班牙爆发 80 年的战争，史称低地荷兰大反抗（1568-1648）。低地国联合起来成立了荷兰共和国，长期的经济繁荣促成了重商主义的兴起。1648 年的明斯特和约结束了对西班牙的战争，成为低地迈向国家化的重要里程碑。这时期产生了著名的多特会议（1618-1619）。内忧外患的时局成为这场神学论争的背景，好像在英国内战时召开的西敏大会（1643-1649）。历史家统称荷兰共和国为荷兰的黄金时代，一百五十万人口的低地国竟然创立了东印度与西印度公司，成功地建立了庞大殖民版图的帝国。这时期是笛卡尔、斯宾诺莎、伦勃朗的黄金时代。

　　1789 年的法国大革命将荷兰再次卷进战火，1795 年拿破仑挥兵席卷低地，结束了二百多年的荷兰盛世。1813 年尼德兰（即低地）联合王国成立，包括荷兰、比利时与卢森堡，但这个短暂寿命的王国随着比利时与卢森堡的独立而瓦解。1839 年《伦敦条约》承认比利时独立，现代的荷兰王国正式成立。本系列的思想家之一亚伯拉罕·凯波尔出生于 1837 年，即《伦敦条约》之前两年。

　　本系列的两位神学思想家都出生于现代的荷兰，逝世于二战爆发之前：亚伯拉罕·凯波尔（1837-1920），赫尔曼·巴文克（1854-1921），他们两位的人生旅途与思想轨迹都满布着荷兰历史的足印。另一位较年轻的是霍志恒（1862-1949），因从小就移民美国，他成为荷兰新加尔文主义在美国的主要代表人物之一。

　　为什么我们需要认识与了解荷兰新加尔文主义？首先荷兰新加尔文主义者均是著作等身的思想家，他们的著作被后世公认为神学的经典。单从神学思想史来看，阅读这些荷兰神学家的原典文本，可以丰富中国学界神学视野。今天许多英美神学的重要问题都可以追源至荷兰的改革宗神学，如果英美改革宗神学像 1620 年的五月花号客船，那整个荷兰加尔文主义的大传统就像是那艘先从鹿特丹出发的史佩德威尔号。

　　第二，荷兰新加尔文主义与荷兰历史之间错综复杂的关系提供了许多重要的参考，使我们可以反思宗教与文化及社会的关系。荷兰没有产生自己的路德或加尔文，他们在漫长国家化的历史中接受了加尔文主义的神学思想，并且进行了全面荷兰化的改造，这在世界历史中是独特的。因着历史与地理的差异，荷兰与其他主要的新教国家不同。他们的目的似乎不是单纯地将阿姆斯特丹变成日内瓦，而是自觉地要建立一个低地的王国或共和国。这个国家化过程的对手不是君主制，所以他们不需要像英国清教徒一般地去处死查尔斯一世。这些荷兰神学家的著作为我们提供了饶富启发性的历史蓝本，使我们可以进一步透视宗教与现世处境的关系。

　　神学与世局有千丝万缕的关系，自古已然。从奥古斯丁的《上帝之城》到路德与加尔文的著作，无不具有独特的历史与政治背景，同时他们的文本也成为神学的经典。同样地，笛卡尔、康德与黑格尔的哲学名著也具有特定的历史处境，但他们的作品却是自成一个意义的世界，作为纯粹思想探寻的文本。荷兰新加尔文主义者的著作是神学思想史上的杰作，但同时是与他们的荷兰世界密不可分的。这种可区分但不可分离的关系正是我们阅读文化经典的原因：从思想来反思处境，从处境来透视思想。

　　第三，荷兰新加尔文主义为我们提供了对基督教教会本质的反省。这是耐人寻味的问题。作为大陆中小岛的荷兰每时每刻都在与大洋搏斗，这种存在的危机根本不容许荷兰有内战，荷兰国家化过程的敌人全是周围虎视眈眈的帝国：西班牙、拿破仑与纳粹德国。但这种同仇敌忾的国族危机并没有产生教会的合一；相反地，荷兰教会的分裂是著名的。许多教会历史课本常调侃荷兰特色的基督教：一个荷兰人是神学家，两个荷兰人组成教会，三个荷兰人便会教会分裂。从 17 世纪的多特会议到亚伯拉罕·凯波尔在 1880 年代的教会出走运动，荷兰教会一直在极度激化的纷争中。正如霍志恒在普林斯顿神学院的同僚沃菲尔德定义改教运动说："从内部而言，改教运动是奥古斯丁的恩典论至终胜过了他自己的教会论。"从表面来看，荷兰新加尔文主义者似乎也秉承了此种宁为玉碎、不为瓦全的分离主义。但新加尔文主义的健将凯波尔却定义加尔文主义为整体的世界观与生活体系，并且提倡普遍恩典的概念来整合一套具兼容性的神学与治国理念。研究荷兰新加尔文主义可以帮助我们去思想基督教的教会理论中的两大张力：大公精神与分离主义，就是大一统世界观的传统教会与倾向完美主义观的小教派。如何两者兼并而非各走极端，这是阅读新加尔文主义对我们的启迪。

第四，荷兰文化与中国文化都曾经拥有黄金时代的光辉历史，并且二国至今仍然是世界舞台上欣欣向荣的文化国家。荷兰人缅怀他们的黄金时代，就是法国的笛卡尔、犹太教的斯宾诺莎、加尔文主义艺术家伦勃朗、天主教画家弗美尔、阿民念主义的法学家格劳秀斯，还有一群毅然投奔怒海的史佩德威尔号的漂游客，这群人组成了一幅五彩缤纷的马赛克。中国的黄金时代亦是如一幅连绵不断数千年的光辉灿烂的精致帛画，是如此美不胜收，教人目不暇接。阅读荷兰新加尔文主义的著作可以为广大的中国学者与读者提供一个具有文化亲近性的西方蓝本，借此来激发我们在中国文化的处境中去寻求创新与隽永的信仰与传承。

本系列的出版可以为广大读者提供高水平而流畅的翻译，使大家可以更深入地了解荷兰文化与神学思想的精妙。这是一套承先启后，继往开来的出版企划，希望广大的读者从中获益。

陈佐人

美国西雅图大学神学与宗教研究副教授

2019 年 10 月 29 日

曾序

　　这部编著的问世，乃华人教会神学的里程碑，改革宗神学尤然。进入正文之前，读者切勿错过编者徐西面的引论。简述巴文克生平后，编者贴切地描述这位伟大荷兰教理学家为"熟悉的陌生人"。此名讳对于华人教会并不陌生，特别是在改革宗圈子内，他乃是正统神学的象征。然而，巴文克的中文译作十分稀罕，在主流学术界当中更是极少出现研究巴文克思想的二次文献；华人神学院中，也甚少出现具有充分学术装备为学生介绍巴文克神学的师资。华人教会对于巴文克的理解往往以某种特土良（Tertullian）"基督与雅典有何相干"的二元对立思维为框架，将巴文克解读为正统捍卫者，以全然排他的态度彻底否定一切未重生理性所产生的思想。这种二元对立的好战态度往往也是华人改革宗神学的标志。

　　就笔者所知，徐西面是华人教会第一位在巴文克研究领域得到国际学术界认可的学者。他是爱丁堡大学巴文克研究权威恩雅各（James Eglinton）的高徒，也是西方大学罕见在攻读硕士、博士的阶段，就在《现代神学》（*Modern Theology*）、《改革宗神学期刊》（*Journal of Reformed Theology*）等期刊发表研究成果的学人。恩雅各博士近年硕果累累，年不足四十，在巴文克研究领域所发挥的影响，已为人以"爱丁堡学派"称道。

　　自20世纪70年代起，西方学界对巴文克的理解，深受"双重巴文克假设"（Two Bavincks Hypothesis）的影响，认为他在著作中体现了相互矛盾的双重身分——"现代的"及"正统的"。这种解读暗示现代思想、属世思想乃前后一致地与正统信仰、属灵世界观为敌。尽管"双重巴文克假设"的主导者冯赫夫（Jan Veenhof）教授自己非常反对特土良那种二元对立的文化观。

　　问题是新加尔文主义在强调重生与未重生思维的根本对立时十分强调未重生的世界观必然在各种预设与结论上自相矛盾、无法前后一致。这意味着没有任何世界观、任何哲学体系、任何文化能够前后一致地在一切信念上与上帝为敌。所有未重生的世界观体系都必然在不同程度上持有合乎真理的信念，而康德、黑格尔、士莱马赫等现代思想家在表述真理的片面时，往往非常精辟，值得正统基督教神学肯定、借用。

徐西面所属的爱丁堡学派非常强调巴文克及新加尔文主义"兼容并蓄"（eclecticism）的特征。巴文克并不以简单粗暴的敌我意识来看待重生与未重生的理性。一切真理都是上帝的真理。当未重生的思想家以精辟的洞见阐述片面的真理时，新加尔文主义者会把这些真理的片面从它们所属的预设体系中抽出，纳入圣经世界观当中，而不是全面否定未重生者的一切所思所想。未重生者也能够深刻地领悟上帝在普遍启示中所赐下的真理，是因为未重生者也蒙受恩典——普遍恩典。所谓普遍恩典，不仅是上帝借由创造及护理所启示的真理，而是上帝以超自然的恩典，在人堕落以后，继续以某种救恩以外的方式让未重生的理性能够领受上帝的普遍启示。尽管未重生的理性在领受真理的片面时，无法将其整合为前后一致的世界观，但他们仍然能够在某种意义上正确、甚至深刻地领受真理的片面。当我们肯定非基督教思想对于片面真理的论述时，我们所肯定的，其实是上帝的恩典。反之，当我们毫无保留地全面否定任何人的思想、行为时，我们所否定其实是上帝施恩的工作。

新加尔文主义对于基督身体以外的思想、行为、文化，采取"兼容主义"，对于基督的肢体也体现了深刻的"大公性"（catholicity）。新加尔文主义以改革宗教会为轴心，却不限于改革宗这一历史宗派。新加尔文主义一方面会对中世纪经院哲学、神秘主义、路德宗神学等提出异议，一方面也肯定这些传统与改革宗所共有的基督教本质。新加尔文主义并非排他的体系，也从不声称自身是唯一正确领受真理的神学流派。

新加尔文主义首先是为众教会服务的，也是为文化服务的。它具有强烈的大公性与兼容性。它不属世，但它是入世的。这是当前华人改革宗迫切需要学习的精神。在这方面，本书能够带来莫大的帮助。

编者选择了四篇巴文克原典，从历史及思想的角度，呈现巴文克神学的大公性与兼容性。本书第五、六章是当代学者哈林克（George Harinck）及毛瑞祺（Richard Mouw）探讨巴文克的作品。这二位作者是新加尔文主义的泰斗，较恩雅各资深，也因此比爱丁堡学派更能体现当代新加尔文主义的样貌，尽管这二位大师皆十分肯定爱丁堡学派的路线。哈林克教授作为一位加尔文主义者强调"加尔文主义不是唯一真理"，体现了新加尔文主义的兼容性；毛瑞祺教授则强调新加尔文主义的大公性，呼吁新加尔文主义者效法巴文克等先贤——以改革宗神学服事众教会。

对于华人改革宗读者而言，这本书无疑是一剂良药：华人改革宗的排他主义已体现出种种令人担忧的症状。对于非改革宗读者而言，这本书能够澄清过去华人教会对历史改革宗神学的误解——这些误解往往是标榜"改革宗"的华人教会自己造成的。不论读者是否认同改革宗神学，这本书可以帮助我们看见改革宗传统如何能够让大公教会的信仰更丰富，并装备基督徒活在天父世界，在世人中间为见证上帝在基督里的恩典。

曾劲恺博士

浙江大学教授

2019 年 9 月

引论：赫尔曼·巴文克与他的神学

徐西面

一. 巴文克生平简述

1854 年 12 月 13 日，赫尔曼·巴文克（Herman Bavinck，1854-1921）出生于荷兰霍赫芬（Hoogeveen）镇的一个牧师家庭。他的父亲杨·巴文克（Jan Bavinck，1826-1909）是荷兰分离派基督教归正教会（Christelijke Gereformeerde Kerk）的牧师。该宗派是由 1834 年从国立教会荷兰改革宗教会（Nederlandse Hervormde Kerk）出走的信徒成立的。这些分离者认为国立教会偏离了传统的改革宗信仰，弃绝了诸多改革宗信条，已经完全违背了宗教改革及随后改革宗信仰的精髓。

巴文克正是在这种保守、传统的信仰背景下成长。1873 年，巴文克进入由基督教归正教会于 1854 年设立的坎彭（Kampen）神学院接受神学训练。翌年，他便打算要前往当时荷兰的自由派神学大本营莱顿大学（University of Leiden）攻读神学。巴文克这一行动的目的是为了接受更学术性和更科学性的训练（meer wetenschappelijke opleiding）。[1] 于是，他在 1874 年 9 月 23 日来到莱顿大学求学，直至 1880 年完成神学博士学位。同年，巴文克在坎彭也通过了教会按牧候选人的资格。1881 年，巴文克前往荷兰西北部弗里斯兰（Friesland）省的法兰内克（Franeker）牧会。一年之后，巴文克被任命为坎彭神学院的教授，并在 1883 年 1 月 10 日发表了就职演说《神学的科学》（*De Wetenschap der Heilige Godgeleerdheid*）。

---

[1] Valentijn Hepp, *Dr. Herman Bavinck* (Amsterdam: W. Ten Have, 1921), 29.

就任坎彭神学院教职之后，巴文克就着手收集资料，准备写一本满足他那个时代需要的教理学著作。经过十年的辛勤研究，《改革宗教理学》（荷：*Gereformeerde Dogmatiek*；英：*Reformed Dogmatics*）第一卷终于在1895年面世，又经过六年，该四卷本鸿篇巨著终于完成。巴文克的教理学被誉为当时最具普世性和大公性的教理学著作。[2] 颇具讽刺的是，彼时的坎彭神学院是以保守著称，在神学上极为狭隘。毋庸讳言，巴文克的教理学著作是对该神学院及他所在宗派的一个重要提醒。

当巴文克为自己的教理学奋笔疾书之时，19世纪末的荷兰教会也发生了几件重大事件。1886年，荷兰改革宗教会内的一些牧师和信徒在亚伯拉罕·凯波尔（Abraham Kuyper，1837-1920）的领导下脱离而出。这些人被称为哀恸者（Doleantie），因他们哀叹国立教会背离了改革宗正统。翌年，哀恸者群体就着手和巴文克所在的基督教归正教会洽谈联合之事。最终，两个群体于1892年缔结合一，新的教会联合取名为荷兰地区归正教会（Gereformeerde Kerken in Nederland）。本书第三、四章便是讨论了这一历史事件，以及巴文克对此事件之意义的评估。然而需要注意的是，这两章内容并不能总括此事件对巴文克的影响。双方尽管在教会机制上达成了初步合一，但是在神学教育上仍存在分歧。凯波尔所领导的一方已在1880年成立了阿姆斯特丹自由大学，其中设有神学系。巴文克所在的基督教归正教会仍坚持自己的坎彭神学院。神学教育上的冲突最明显体现于巴文克的同事卢卡斯·林德博姆（Lucas Lindeboom，1845-1933）与凯波尔之间激烈的笔仗和口仗。凯波尔认为神学教育及研究要脱离机构性教会的管辖，只存在于大学之中。林德博姆与此截然相反，认为神学教育要完全受制于机构性教会。巴文克试图要调和这种冲突，努力促成合一。但是在整体思想上，巴文克与凯波尔一致，尽管他反对凯波尔将神学研究完全脱离机构性教会的做法。[3]

关于神学教育合一之事，需要更长的篇幅予以论述。但是以上扼要的描述已经说明，巴文克对此事并非置若罔闻，将自己关在学术的象牙塔里。相反，他积极投身于教会的事务，但并没有取得令自己满意的结果。他于

---

[2] George Puchinger, *Ontmoetingen met Theologen* (Zutphen: Uitgeverij Terra, 1980), 113.
[3] 林德博姆认为巴文克是他的头号反对者，并反对后者这种中庸的处理方式；见 R. H. Bremmer, *Herman Bavinck en Zijn Tijdgenoten* (Kampen: Kok, 1966), 89.

1902 年辞去坎彭神学院教职，前往阿姆斯特丹自由大学接替凯波尔成为神学教授一事就足以证明这点。

在自由大学任教之后，巴文克开始着手第二版的《改革宗教理学》，并在 1906 至 1911 年间陆续出版。修订并出版《改革宗教理学》第二版原因有三。第一，巴文克修改了书籍的格式，将文献目录移到每章的开首，另外采用了脚注的方式。第二，巴文克为要参考并囊括新近出版的神学文献，丰富内容。第三，许多表述需要修改及澄清，以回应其他学者对第一版的评述。

在第二版《改革宗教理学》出版后，巴文克又发表了许多与科学、教育、心理学、哲学、政治等领域相关的文章和书籍。他甚至在 1911 年当选为荷兰国会上议院的议员，并担任该职直到 1921 年去世。有些学者认为巴文克在进入 20 世纪后便放弃了教理学，转而着眼于公共神学。事实并非如此。尽管巴文克在完成第二版《改革宗教理学》后将更多精力放在其他领域的研究，但是凡细心研读他著作之人都会觉察到，他的主张及判断有极为稳固的教理学根基。

巴文克在各个领域的辛劳最终使得他本就劳累的身体变得更加虚弱。1920 年 8 月 21 日，他参加完教会会议回到家后心脏病突发，长卧不起。在随后近一年的调理养病期间，巴文克逐渐淡出公众视野。1921 年 7 月 29 日凌晨 4 点 30 分，巴文克在遭遇心脏病 11 个月后，安静地在家中与世长辞。

二. 熟悉的陌生人：汉语世界中的巴文克研究

巴文克的生平及相关的历史事件是我们研究他神学不可缺少的元素。与此同时，对新近的巴文克思想研究成果的了解组成了我们进一步探究他神学极为重要的平台。在过去 15 年间，英语世界中兴起了一股研究巴文克神学的热潮。历经五年（2003-2008），巴文克的《改革宗教理学》的英文版终于出版。之后，此部巨著成为英语世界许多神学院的指定阅读书目和教科书。与此同时，众多博士论文和学术期刊论文也聚焦于巴文克的神学思想。因此，与巴文克相关的二次文献在过去十多年里与日俱增。

在巴文克研究的发展过程中，最重要的莫过于对巴文克解读之范式的转移。传统的解读采取了二元思想，认为巴文克好像双重人格之人，在正统和现代之间来回游走。在处理不同的议题上，巴文克会选择改革宗正统或现代思想，以求规避其中的张力。这种解读范式通常被称作"双重巴文克"（two Bavincks）。这一解读最有名的支持者是杨·冯赫夫（Jan Veenhof）。在极具影响的《启示和默示》一书中，冯赫夫认为巴文克的神学思想中存有两个极点：正统和现代。此外，由于现代哲学的影响，巴文克并非完全忠于基督教正统信仰，因此他的思想在根本上是不合一的。[4] 这种二元进路在北美神学家中的代表就是范泰尔（Cornelius Van Til）。他认为巴文克神学在一定程度上受哲学和经院主义的影响。因此，他呼吁改革宗神学家要超越巴文克，建立更合乎圣经的改革宗神学。[5]

20 世纪 60 年代的解读影响深远，直至本世纪前十年，这种二元进路依然是解读巴文克思想的主流方法。麦尔肯·亚纳尔（Malcolm Yarnell）在《基督教教义的形成》一书中指出，巴文克的神学基础由两部分组成，即哲学和圣经。他认为巴文克在《改革宗教理学》第一卷神学方法论的内容第一部分是哲学和历史论述，后半部分则是处理哲学的问题。亚纳尔对巴文克思想体系中哲学所占的权重作出如下评述：巴文克决意以普遍启示为神学的起点，同时将加尔文主义普遍恩典的教义过分抬高。[6] 另外，加州西敏神学院系统神学及基督教伦理学教授大卫·范楚南（David VanDrunen）认为，由于巴文克未能前后一致地处理教会与文化之间的关系，因此"双重巴文克"模型就成为解读巴文克思想的必要模型。[7]

尽管学者对"双重巴文克"范式的使用各有侧重之处，但是他们殊途同归地认为巴文克的神学思想内在并不一致。这种思想在过去十多年里遭到质疑，最终由笔者恩师恩雅各博士（Dr James Eglinton）在其博士论文

---

[4] Jan Veenhof, *Revelatie en Inspiratie: De Openbaringsen Schriftbeschouwing van Herman Bavinck in Vergelijking met die der Ethische Theologie* (Amsterdam: Buijten & Schipperheijn, 1968). 另一位持此种二元进路的荷兰学者是 R. H. Bremmer，见其代表作 *Herman Bavinck als Dogmaticus* (Kampen: Kok, 1961).

[5] Cornelius Van Til, "Bavinck the Theologian: A Review Article," *Westminster Theological Journal* 24, no. 1 (1961): 49-50, 61.

[6] Malcolm Yarnell, *The Formation of Christian Doctrine* (Nashville: B&H Publishing Group, 2007), 50-52.

[7] David VanDrunen, "The Kingship of Christ Is Twofold: Natural Law and the Two Kingdoms in the Thought of Herman Bavinck," *Calvin Theological Journal* 45, no. 1 (2010): 147-164.

《三位一体和有机体》中提供了详细论述。[8] 恩雅各围绕巴文克的有机思想（organic thinking）展开论述。冯赫夫认为巴文克的有机思想扎根于现代的德国唯心主义。[9] 与此相反，恩雅各认为巴文克的有机思想的根源乃是三位一体的教义。于是，他将巴文克神学有机主义概括为一句话：内在的三位一体产生外在的有机主义（trinity *ad intra* leads to organicism *ad extra*）。[10] 根据巴文克在《基督教世界观》一书中的论述，恩雅各将神学有机主义概括为四个方面。[11] 第一，被造界同时具有合一性和多样性的特征。第二，合一性先于多样性。第三，有机体的共同生命由一个共同观念（idea）整合为一。第四，有机体会朝向一个特定的终极目的（telos）发展。[12] 基于此，巴文克是立足于改革宗正统的传统向现代世界说话。[13] 换言之，所谓的巴文克思想内部不协调只是巴文克将正统教义用现代思想予以表述。从这一角度来看，巴文克的新加尔文主义神学是改革宗神学在 19 世纪荷兰处境化后的结果。

如今，以有机思想为切入点来解读整个巴文克神学已经成为该领域的标准。近年的学术出版是很好的明证。除了恩雅各所指导的三篇博士论文[14]，

---

[8] 在恩雅各的著作发表前，已有一些学者对"双重巴文克"提出了批判，见 Nelson D. Kloosterman, "A Response to 'The Kingdom of God is Twofold': Natural Law and the Two Kingdoms in Thought of Herman Bavinck by David VanDrunen," *Calvin Theological Journal* 45, no. 1 (2010): 165-176; Brian G. Mattson, *Restored to Our Destiny: Eschatology and the Image of God in Herman Bavinck's Reformed Dogmatics* (Leiden: Brill, 2012), 19-64.

[9] Veenhof, *Revelatie en Inspiratie*, 267-268

[10] James Eglinton, *Trinity and Organism: Towards a New Reading of Herman Bavinck's Organic Motif* (London: T&T Clark, 2012), 72.

[11] Eglinton, *Trinity and Organism*, 67-69. 下文直接引用巴文克的《基督教世界观》。Herman Bavinck, *Christelijke Wereldbeschouwing* (1st ed., Kampen: J. H. Bos, 1904; 2nd ed., Kampen: J. H. Bos 1913); Herman Bavinck, *Christian Worldview*, trans. Nathaniel Gray Sutanto, James Eglinton and Cory C. Brock, ed. Nathaniel Gray Sutanto, James Eglinton and Cory C. Brock (Wheaton: Crossway, 2019).

[12] Bavinck, *Christian Worldview*, 71, 73, 80, 89-90.

[13] Cf. Mattson, *Restored to Our Destiny*, 54.

[14] Cory C. Brock, "Orthodox yet Modern: Herman Bavinck's Appropriation of Schleiermacher" (PhD dissertation, University of Edinburgh, 2017); Nathaniel Gray Sutanto, "Organic Knowing: The Theological Epistemology of Herman Bavinck" (PhD dissertation, The University of Edinburgh, 2017); Bruce R. Pass, "'The Heart of Dogmatics': The Place

老一辈巴文克专家的代表人物之一约翰·博尔特（John Bolt）在修订出版自己于 1982 年完成的博士论文时，也特别补充论述此种解读巴文克神学的新范式。[15] 在此有机思想的基础上，科里·布洛克（Cory Brock）和刘少良（Nathaniel Gray Sutanto）阐述了巴文克神学具有大公性兼容并蓄（catholic eclecticism）的特点。[16] 笔者的博士论文正在恩雅各的指导下进行，援用了恩师的解读范式，强调巴文克视神学为一门科学。

英语神学界以及荷兰神学界中对巴文克思想研究的发展，汉语神学界似乎全然不知。曾劲恺教授的《"正统却现代"：巴文克与黑格尔思辨哲学》近期刚通过香港《道风》的审稿，将成为第一篇在汉语权威学术期刊上发表的与巴文克有关的论文。除此之外，并无其他文献深入研讨巴文克的神学。由此可见，汉语神学界似乎对巴文克的神学极为陌生。尽管如此，巴文克在华人教会界和神学界并非初为人知。早在 1989 年，巴文克所著的《我们合理的信仰》（又名《基督教神学》）就已由台湾的改革宗出版社出版。此书影响颇深，被教会（尤其有改革宗神学背景的教会）作为重要的系统神学参考书，甚至有些神学院指定此书为教材或阅读材料。此外，巴文克的《启示的哲学》和《改革宗教理学》精缩单册版的中文版近年陆续面世。[17]

鉴于此，我们可以说在过去 30 年里，巴文克在华人基督徒群体里是一位熟悉的陌生人。一方面，有涉猎神学之人和神学从业者多少知道巴文克是一位荷兰改革宗神学家。另一方面，无人深入研究巴文克的神学思想。

---

and Purpose of Christology in the Theological Method of Herman Bavinck" (PhD dissertation, University of Edinburgh, 2018).

[15] John Bolt, *A Theological Analysis of Herman Bavinck's Two Essays on the Imitatio Christi: Between Pietism and Modernism* (Lewiston: Edwin Mellen Press, 2013); 此书原先以博士论文发表，John Bolt, *The Imitation of Christ Theme in the Cultural-Ethical Ideal of Herman Bavinck* (PhD. dissertation, University of St Michael's College, Toronto, 1982).

[16] Cory Brock and Nathaniel Gray Sutanto, "Herman Bavinck's Reformed Eclecticism: On Catholicity, Consciousness and Theological Epistemology," *Scottish Journal of Theology* 70, no. 3 (2017): 310-332. Eclecticism 可译作折衷主义。但笔者认为此种翻译会令人误以为巴文克主要是为了追求某种中庸路线，以求避免可能产生的冲突。笔者采用"兼容并蓄"一词，因为这体现了巴文克的神学方法论的一个特色：整个被造界都是神的启示，所以其中万物和一切思想皆可用于帮助人来认识神。

[17] 赫尔曼·巴文克，《启示的哲学》，赵刚译（四川：四川人民出版社，2014）。赫尔曼·巴文克，《改革宗教义学：四卷精缩版》，张保罗、李鹏翔等译（奥兰多：圣约福音神学院出版社，2016）。

与此同时，过去 30 年对巴特（Karl Barth）、托伦斯（T. F. Torrance）、田立克（Paul Tillich）、莫特曼（Jürgen Moltmann）等著名现代神学家的研究在汉语学界中迅速发展。这种学术倾向在一定程度上也掩盖了对巴文克神学深入研究的需求。

三. 本书的目的

本书是一本论文集，其中收录了四篇巴文克的文章（一至四章）以及两篇研究巴文克神学的重要二次文献（五至六章）。如此选取文章在一定程度上已经说明了此论文集的三个目的。

其一，四篇巴文克的文章可以进一步填补汉语学界中巴文克一次文献的缺乏。尽管这四篇文章都已译成英文，但是对于许多华人信徒及学者仍不易获取。第一章的英文译稿发表于《加尔文神学期刊》（*Calvin Theological Journal*）。若无订阅此期刊，难以获取此篇译文。

其二，四篇一次文献基本上勾勒出巴文克的荷兰新加尔文主义神学的历史背景和神学思想背景。这对于研究巴文克至关重要。因为他的思想不是在真空中形成，乃是在回应这些历史事件以及诸多神学思想的过程中发展而成。此外，这四篇文章也表述了巴文克自身对新加尔文主义的理解。尤其是第二至四章的内容，都是先以英文译文的形式发表于英文界的神学期刊。在某种意义上，巴文克透过这三篇文章向英语世界介绍在荷兰发生的加尔文主义的复兴。所以，这几篇文章就为我们理解新加尔文主义提供了第一视角。

其三，两篇二次文献可以粗略地呈现如今巴文克研究的趋势。这两章内容都体现了巴文克是一位大公性神学家（catholic theologian）。虽然他是19 世纪的神学家，但他的神学并不局限于 19 世纪和 20 世纪初。虽然他是荷兰新加尔文主义传统，但他的神学可以令普世教会受益。尤其是第六章毛瑞祺教授的文章，表述了将巴文克神学与亚洲教会产生关联的一种可能。这也是对汉语神学从业者的一个提醒：作为一位现代新加尔文主义神学家，巴文克可以为汉语神学提供诸多洞见，他的思想有助于汉语神学今后的发展和拓新。

四. 编辑和翻译上的一些说明

作为本论文集的主编，笔者就编辑和翻译工作作如下两点说明。首先，这本论文集的六篇文章皆译自英文，并依据原文的出版时间先后排列。虽然前三篇文章最先由巴文克以荷兰文完成，但为了翻译的进度和工作协调，最终由邵大卫弟兄从英文翻译成中文。尽管如此，笔者的审校工作同时参考了荷兰文和英文两个版本的文章。笔者已尽己所能找出前三篇文章荷兰文和英文版本之间的重要差异，并在文中用【 】标明，或在脚注中予以说明。其中英文版中缺失的内容，笔者已附上荷兰原文，并翻译成了中文。

其次，笔者在审校过程中对有些专有名词采取了意译处理，主要体现于两个词。第一个词是巴文克所在宗派的名称（Christelijke Gereformeerde Kerk）与荷兰国立教会名称（Nederlandse Hervormde Kerk）。前者译作基督教归正（Gereformeerde）教会，后者译作荷兰改革宗（Hervormde）教会。实际上，Gereformeerde 和 Hervormde 皆可对应英文的 Reformed 和中文的"改革宗"或"归正"。将 Gereformeerde 译作"归正"的原因在于，巴文克的宗派认为国立教会已经背离了改革宗正统（Reformed orthodoxy），因此她要回归古老、真实的改革宗信仰，从错谬的道路上归回。因此，"归正"一词更符合巴文克所在的分离派的信仰特质。

第二个特殊处理的翻译是 becoming（worden）。在巴文克的神学思想中，being（zijn）和 becoming 是十分重要的两个神学本体论的概念。[18] 他主张 being 是神专属的，becoming 是形容被造之物的，因为 being 的本质是不变性（immutability），becoming 则是持续改变。[19] 笔者将 being 译作"存有"，这是比较常见的译法。Becoming 在本书中被译作"成有"；此种译法应是本书首创。"有"一词表示本体的意义；"成"传递一种动态的概念，正如"道成肉身"中的"成"所表达的动态内涵一般。所以，将 becoming/worden 译作"成有"与巴文克所要传递的意义相符。

编辑和翻译的工作实乃庞大工程。笔者感谢陈佐人教授和曾劭恺教授对本人在编辑工作中的勉励。笔者也感谢出版社经理李咏祈姊妹和总编辑余日新弟兄对本书出版的大力支持。此外，蒋亨利牧师、吴夏姊妹、岑跃

---

[18] 巴文克对这两个概念的详细论述可见 Herman Bavinck, *Christelijke Wereldbeschouwing*, tweede herziene druk (Kampen: J. H. Bos, 1913), 37-68.

[19] Herman Bavinck, *Reformed Dogmatics, Volume 2: God and Creation*, trans. John Vriend, ed. John Bolt (Grand Rapids: Baker, 2004), 158-159.

环弟兄、李浩弟兄对本书提出了许多宝贵的建议，笔者深表感谢。尽管如此，本书若有纰漏，乃笔者一人之责，望请斧正指教！

第一章 基督教与教会的大公性[1]

赫尔曼·巴文克

　　根据无可置疑的基督教信仰宣告[2]的第九条，我们承认唯一、神圣基督教会的普世性（universality）或大公性（catholicity）。我们无从得知大公性一词的起源和最初的意义。我们最早是在伊格那丢致士每拿教会的信件（第八章）、穆拉多利正典以及士每拿教会给菲洛美留斯（Philomelius）教会关于坡旅甲殉道的信件中看到该词。[3] 显然，它在彼时已有固定且公认的含义。在第 2 世纪下半叶，当教会必须坚持合一来反对日益增加的异端时，该词似乎成为了一个通用词。带有《使徒信经》（Apostolic Symbol）的**公认文本**（*textus receptus*）到第 5 世纪末才出现。我们所获的源自罗马的信经版本并没有对教会如此具体的指称。然而，我们发现西班牙、阿奎莉亚（Aquileia）和迦太基的版本却有这个指称。教会的这一指称最先被纳入东

---

[1] 编注：本文译自英文版 Herman Bavinck, "The Catholicity of Christianity and the Church," trans John Bolt, *Calvin Theological Journal* 27, no. 2 (1992): 220-251. 感谢《加尔文神学期刊》和约翰·博尔特教授授予翻译许可。

英译注：本文由约翰·博尔特译自巴文克 *De Katholiciteit van Christendom en Kerk* (Kampen:Zalsman, 1888). 巴文克于 1888 年 12 月 18 日在坎彭神学院发表演讲。普钦格尔（G. Puchinger）作序的新版于 1968 年由 J. H. Kok 出版社（坎彭）出版。非常感谢救赎主学院的阿尔伯特·沃尔特斯（Albert Wolters）教授，他仔细阅读了本文初译稿，并提出许多改进意见。

[2] 编注：巴文克在这里所指的是《使徒信经》。

[3] Eusebius, *Ecclesiastical History*, IV. 15.

方版信经，然后以此进入西方版信经；这也不无可能。不论如何，教会的大公性在《使徒信经》中已成为整个基督教世界的认信。

教父们使用"大公性"这个词有三个基本含义。首先，他们用它来指教会（kerk）是合一的整体，与分散四处的地方教会（kerken）形成对比；这些地方教会组成了整体，并被包括在其中。[4] 然而，地方教会也可以合理地称自己是大公性的，因为她依附于普世教会。第二，该词表明教会的合一，因教会包括万国、万代和万方的所有信徒。因此，大公性是与神子民以色列的国家特征相对应。最后，教会有时被指具有大公性是因为她包含了整个人类经验。她完美地拥有人类需要知道的可见和不可见事物的全部教义；她治愈所有的罪恶，无论来自身体还是灵魂；她带来一切美德和善工，有份于所有属灵恩赐。[5] 所有基督徒认信的教会大公性预设了基督宗教的大公性。它的基本信念是，基督教是个世界宗教，治理万民、圣化万物，这无关乎地理、国籍、地点和时间。近年来，人们都在谈论国家宗教的和普世宗教。这种将宗教二分的做法存在不可克服的困难和缺陷。事实上，没有任何宗教可以真正称得上世界宗教，在当下时代，一个宗教不可能完全超越所有其他宗教。此外，在原则和本质意义上，只有一个真正完全宇宙性、能渗透和圣化其余一切事物的宗教。除了基督教之外，我们还能想到别的宗教吗？这取决于我们对基督宗教这种普遍性的概念，我们在教会论上变得狭隘还是广阔。我们如何看待恩典与自然的关系，再造（herschepping）与创造（schepping）的关系，决定了我们具有广阔还是狭

---

[4] 编注：英文译稿在这里分别采用了 church 和 congregation 来翻译荷兰文 kerk，但是 congregation 可对应荷兰文 gemeente。巴文克通常用 gemeente 指向有形的教会，在《改革宗教理学》中便是如此。

[5] 英译注：大公性的最后一个方面是巴文克直接借用了耶路撒冷的西里尔（Cyril of Jerusalem）的《教义讲座"》（XVIII, 23）。该段内容如下：

因此，教会被称为大公的，因为她从地球的一端到另一端，遍及整个世界，并且因为她总是在其所有教义中教导人要知道一切关于在天上和地上、可见和不可见的内容。教会具有大公性也因为她让不同的人，不管是统治者和被统治者、有学之士和简单之人都因信仰而顺服；并且因为她能统一治疗和医治各种罪恶，无论是灵魂或身体所犯的罪，并且她拥有我们能说出的各种形式的美德，无论是表现在行为还是工作中，或在各种方面属灵恩典中的美德。

In *Cyril of Jerusalem and Nemesius of Emesa,* ed.William Telfer, The Library of Christian Classics, Volume IV (Philadelphia:The Westminster Press, 1955), p. 186.

隘的教会异象。在我们这个充满了各种错误和分裂的时代，肯定教会的大公性和基督教的普世性具有最重要的意义。

所以借此机会[6]，我提请大家留意我对**基督教和教会大公性**的思考，并细想大纲性问题：（1）圣经关于大公性的教导；（2）历史上教会对大公性的理解；以及（3）大公性在今日要我们面对的义务。

一. 圣经对大公性的教导

我们不可避免地会关注这个事实：摩西五经以宏伟的创造开始，以整个宇宙和整个人类的异象开始，结尾则聚焦于一个微小而无足轻重的民族身上，其关注点缩小至该民族的圣洁和崇拜上。这种崇高的开端和狭隘的结尾之间的不相称似乎不可否认。赐予以色列之律法的发展的根基确实范围广博。因此，它宏伟的介绍令我们期待某种完全不同的内容。神六日内创造天地，将第七天分别为圣，并祝福人类。挪亚和他家人从洪水中被拯救出来后，神再次更新了这个祝福，并赐给挪亚。事实上，神与整个自然界立约。然而，从这时刻开始，神赐下祂祝福的范围逐渐缩小：闪、亚伯兰、以撒、雅各。神最终选择来继承祂祝福的是一个单一的、贫穷的、可鄙的民族。祂容许所有其他国家各行其道。然而，以色列的拣选所依赖的广泛基础确实提醒我们，神呼召她的不是最终目标。【神启示之集中化的目的正是以色列民在万国中的宣告和传讲。】[7] 在以色列内，启示主导一切。要完全分开宗教（godsdienst）和生活其他方面是完全不可能的。神的神权政体的合一规避了所有二元论。耶和华的律法约束一切，甚至包括最微小的细节。不仅祭司，也包括君王，不仅宗教崇拜和道德，也包括民事、社会和政治层面，全都在神唯一律法的治理之下。在此，我们经历到**内在的大公性**，这是一个涵盖全人整体生活的宗教。

在此方面，以色列的神权政体是神国度的预表（type）；这国度将要来到，并具有一切真善美。先知们向我们揭晓了以色列的宗教不会局限于以色列民族。这普世性内核已摆脱了封闭的特定外壳。此时，宗教和人民、

---

[6] 英译注：见上文注 1。

[7] 编注：英文译文中此句并未完全忠于原文，中译文此句直接译自荷兰原文：De centraliseering der openbaring Gods heeft juist hare bekendmaking en prediking onder alle volken tot oogmerk.

恩约和民族、教会和国家、信徒和公民之间仍密切关联；只有离开自己的土地和人民，教会才被分裂。将来，万国都要因亚伯拉罕的后裔得福。律法、历史和预言等都以各自的方式指向这个荣耀的未来。日子将到，借着主的仆人，以色列的光要照耀万国，耶和华的救恩要达到地极。

及至时候满足，这个预言就应验了。同样值得一提的是，建造教会的根基与建造以色列的根基一样广泛。神如此爱这个**世界**，这个宇宙，甚至差遣祂的独生子来到世界，万物都是借着子被造。诚然，"世界"在新约圣经中也有负面含义。它可以表示整个被造实在的有机整体是罪的工具，抵挡耶稣基督的国度。这个"世界"有其邪恶本性（约壹 五19），它的首领是"这世界的王"（约 十四30；十六11），祂是"这世界的神"（林后四4）。这世界既不认识神，也不认识祂的儿女（约 十七25；约壹 三1）。事实上，就像它恨耶稣一样，它也恨跟随耶稣的人（约 十五18，19；十七14）。因此，"世界和它的欲望"必须靠信心予以抵挡和战胜（约壹 二15-17；五4）。[8] 不可否认，耶稣和跟随祂的使徒就近世上"愚昧和软弱的人"，就近"税吏和罪人"。经文不断劝告我们要警惕家产丰富的试探，并提醒我们其实这种生活充满了焦虑，这些劝告和提醒都反映了作者真实的担忧。基督教是十字架的宗教；苦难的奥秘是它的中心点（middelpunt）。如希腊传统中那种对世界中美的享受是不可能的。仅仅这个"世界"的概念就向我们清楚表明，基督教世界观和古典世界观之间的分歧是何等之大。

然而，还有另一面。十字架的阴影确实覆盖了所有被造物，但复活之光也同样如此闪耀。一方面，天国像藏在田中的宝藏，一颗重价的珍珠，有人变卖一切来买这块地；它也像一粒芥菜种，长成一棵树，天上的飞鸟宿在它的枝上；它像一个女人把面酵藏在三斗面里，直等全团都发起来。尽管世界被罪彻底败坏，但这个罪恶的世界正是神所爱的对象。在基督里，神使世界与自己和好，不再记念它的罪（林后 五19）。耶稣来到世上不是要咒诅，而是要拯救它（约 三16-17；十二47）。祂就是光（约 一12）、生命（约 六33）、世界的救主（约 四14）。耶稣就是赎罪的祭牲，不仅是为了我们的罪，也是为了全世界的罪（约壹 二2）。在基督里，万物都与神和

---

[8] 英译注：《约翰壹书》五4："使我们胜了世界的，就是我们的信心。"这是巴文克最喜爱、最频繁引用的经文之一。这也是他唯一发表的讲章的经文和题目；*De wereldverwinnende kracht des geloofs* (Kampen:Zalsman, 1901). 他于 1901 年 6 月 30 日在坎彭讲了这篇道。

好（西 一20），并在祂里面同归于一（弗 一10）。世界是**借着**子造的（约
一3），也是**为**祂造的，使祂作为承受万有的（西 一16；来 一2）。世上的
国最终会成为我们主和主基督的国（启 十一15），有义住在其中的新天新
地即将来临（彼后 三13）。

没有什么词汇比这些更有力且更优美地表达基督教信仰的彻底普世性
了。神按着自己所喜悦的旨意设立了边界，除此之外，基督教不知别的边
界；种族、年龄、阶级、地位、国籍或语言之间并无边界。罪已经败坏了
众多事物；事实上，它败坏了一切。人类之罪的罪责不可估量，其污秽已
深入人类的每个领域、人性和世界。然而，罪虽掌权且败坏人，神在基督
里得胜的洪恩却更显多了（罗 五 15-20）。基督的血洗净了我们所有的罪，
它能复原一切。我们确实不需要，也绝不能对任何人或任何事感到绝望。
福音是一个喜乐的消息。这对个人而言如此，对人类、家庭、社会、国家、
艺术和科学、整个宇宙和整个叹息中的被造物亦然。

为了能丰富和自由地宣扬此福音，教会必须远离犹太教。如此丰富的
福音产生一群神的子民，他们并不限于单个民族和国家的边界之内。所有
的预表和预言、祭司和献祭、律法和影子，甚至以色列自身也一样，全都
在基督的死亡中被成全了。基督的十字架使一切——神与人、天与地、犹
太人与外邦人、化外人与西古提人、男人与女人，为奴的与自主的——都
和好了。五旬节时，新约教会出现时就是一个独立的群体。她独立于圣殿
和祭坛、祭司和献祭，甚至独立于耶稣可见的样貌和肉身的存在；门徒那
时在耶稣里彼此合一。从那时起，他们不再按肉体认识祂。祂离开是与他
们有益。祂肉身虽离开他们，却借着祂的神性、威严、恩典和圣灵，在真
理中更就近他们。祂借着自己的圣灵在他们中间居住，永不离开他们。无
论教会（gemeente）看起来多么微小且微不足道，却是真正大公的、未来的
后嗣，以及为万物所定之喜乐的宣告者。

然而，早期教会（gemeente）的大公性很快就受到严峻考验。耶稣在世
寄居时，将自己和门徒的传道范围限于以色列迷失的羊身上。犹太、加利
利、撒玛利亚的首批会众都是犹太人。不久，使徒保罗已经在他第一次宣
教之旅中建立了外邦信徒的基督教教会。这一发展带来了与犹太排他主义
的冲突。彼时，犹太排他主义在教会中显而易见，使徒彼得则因特殊启示
而让自己从排他主义中得自由。当犹太化趋势流行起来时，冲突便不可避
免。这让初期的基督教会面临第一次严重危机。保罗认识到这场斗争的绝

对严肃性。这是一场关于教会的大公性、基督里的自由、十字架的普世意义、神恩典的丰富、唯独因信称义而非靠着律法之工的争论。教会一开始就要发生分裂吗？假弟兄的排他主义会战胜保罗的大公性吗？保罗在他的书信中所尊荣为神奥秘的正是此大公性——"外邦人在基督耶稣里，藉着福音，得以同为后嗣，同为一体，同蒙应许。"（弗 三6）我们知道，由于使徒的一致决定，教会的合一和大公性在耶路撒冷大会上得以保存。

因此，教会的合一从起初多少已清晰表明。人们常常声称，使徒时期的基督教会从未是统一的组织。诚然，如果我们依据后来那种明确界定的组织来定义合一，那没有证据表明有此种合一。然而，各教会之间从起初就有某种联系。正是在使徒中间，教会是一，也知道她们都属一个教会。使徒不仅充当耶路撒冷教会的地方牧长议会（英：local consistory；荷：plaatselijken kerkeraad），而且同时也是众教会的监督。耶稣亲自呼召他们，并任命他们成为祂教会的建立者。虽然当时教会间没有客观的组织联系，但借着使徒的职分，所有教会间都有一种活生生的、个人性的纽带。因此，一旦神的话语在撒玛利亚被宣扬并产生一群信徒（徒 八14及随后经文），使徒们就差遣彼得和约翰到那里去为他们祷告，使他们能领受圣灵。《使徒行传》九32中提到彼得所谓的"教会探访"之旅充分证明了这种使徒监督的权柄。事实上，犹大地、加利利和撒玛利亚的教会看彼此乃是合一的[假设蒂申多夫（Tischendorf）对《使徒行传》九31的解读是正确的，当然我相信如此]，甚至她们被称作一个教会（ή εκκλησία）。

保罗在布道旅行中建立的教会亦然。正如巴勒斯坦的教会借使徒团结合一，外邦教会也借保罗而合一。他们和保罗之间关系深厚密切。他是这些教会的建立者，一直关心他们，经常亲自拜访，并与他们保持通信。他也把问安从一间教会带到另一间。保罗在一间教会做工时，甚至得到另一间教会的支持。此外，各种不同的教会按照区域或民族的方式被统称为犹太教会、亚细亚教会、加拉太教会、马其顿教会和亚该亚教会。

事实上，犹太教会和外邦教会之间并不缺少联系和交通。外邦教会为耶路撒冷圣徒中的穷人募款，从而拆毁了与以色列敌对的隔断之墙（徒 十一29；罗 十五25-28；林前 十六1-5）。这些爱的礼物是外邦人有份于属灵益处而表达感恩的象征，是他们对彼此相交的实践；犹太基督徒借着同样深情的回应和向神的感恩与祈祷（林后 九12-14）接纳了这些礼物。诚然，比起日后在组织上以区会或总会形式彼此联合的教会之间的关系，当时各教会之间的属灵团契更为亲密。这种团契是教会合一和大公性的体现，比最精妙的教会秩序更纯净，更荣耀。

【早期教会之间的这种属灵纽带怎么可能破裂呢？】[9] 教会的合一和大公性是整本新约圣经不断重复的主题。它直接源自神本身的合一，神与人之间神圣中保的合一，圣灵的合一，真理的合一，约的合一和救恩的合一。耶稣和祂的使徒用葡萄树、羊群、身体、国度、新妇和妻子，以及圣殿或建筑的形象向我们描述和描绘这种合一。耶稣自己也为这合一祷告；祂的祷告已经并继续蒙父垂听。虽然这种合一在使徒时期仍有缺失，但合一从那时至今都确实存在，并将在适当的时候显明。第1世纪的教会在起源、文化水平、民族性和地域等方面都各不相同。随后几个世纪的教会一直因不同的历史和文化而分裂。这些教会之间存在一堵分裂的墙和根深蒂固的敌意。然而耶稣成就了和平，在自己里面从两者中创造了一个新人。因此，他们合而为一，因着父的爱，借着万有的元首和万有之主圣子的恩惠，在倾倒于众人身上的同一位圣灵的团契中，他们知道并在伊始就感到他们自己彼此合一。他们在洗礼、信心和盼望中合一；他们是同一身体的不同肢体，各人有圣灵所赐的各样恩赐，为要成全圣徒。这种合一是源自包含万国、万方和万代的同一性（oneness）。

正如圣经向我们描绘和早期教会向我们展示的，教会的这种大公性之美令人惊叹。封闭在小教堂或秘密聚会中的人，无论是谁，都未认识到这一点，也从未经历它的能力和安慰。这样的人亏欠了圣父的慈爱、圣子的恩典以及圣灵的团契，并丧失了属灵财富；默想和灵修都无法补足此财富。这样的人灵里贫穷。相较之下，那些眺望由基督宝血从万邦、万民、万代中赎买的无数群众之人，那些在患难之日经历信心的大有能力的坚固和奇妙安慰之人，认识到与自世界之初到终末，神从全人类中召聚出来的整个争战性教会（church militant）的合一；这些人绝不会心思狭隘或心胸狭窄。

因此，无怪乎使徒突出这种教会的合一和大公性，并严肃警告所有分裂。早在第1世纪，这个危险就普遍存在。犹太教和诺斯底主义，律法主义和反律法主义的异端就进入了教会。彼时，诽谤和异端的出现（太 十八7；林前 十一19）的确必要，为了使教会能自觉意识到她的合一和真理。然而，这些αιρεις（分派）、διχοστασιαι（纷争）和σχίσματα（分裂）仍是肉体罪

---

[9] 编注：荷兰文中该句为问句，英文译文则将其译作陈述句。荷兰文原文：Hoe ware het ook mogelijk, dat deze geestelijke band onder de eerste gemeenten ontbroken zou hebben?

恶的行为和结果（加 五20），所以教会对此要竭力抵挡（林前 三3；十一18-19；十二25）。事实上，抵挡那些引入这些罪行之人是一个神圣的呼召。对扰乱教义教导和教会合一之人行使教会训诫（church discipline）既是一项权利， 也是一项庄严的义务。教会被劝诫要远离这些人和事，让他们离开，以便促成悔改。这样看待教会纪律的实践并非与教会的大公性有张力或冲突。事实正相反！正因为教会训诫永远不会成为或引致καθαίρεσις（拆毁），反而会带来οικοδομή（建造）（林后 十三10），因此永不可用以排斥他人。教会最真诚的祷告就是，在整个训诫的过程中，主可以用这最后的极端措施领那些顽梗不顺服的罪人回到救主的爱护之中。教会的圣洁在训诫中彰显，其大公性亦然。

二. 教会历史中大公性的观点

无论何人，若直接从新约圣经进入后使徒时期的文献，都会被属灵深度、朴素、能力等方面的差异所震撼。福音很快被视为新的律法。圣经中关于世界的两条脉络并没有得到平等的秉承和发展。小小的基督教会，在充满敌意的世界中被鄙视，且无能为力，首先深刻经历了与世界的对立。关于基督即将再来的信念，以及猛烈的迫害，迫使他们朝着这个方向前进。不可否认的是，第一批基督徒所持的世界愿景在整体上是极其黑暗的。护教士认为魔鬼在异教文化中工作。不仅是剧院，还有异教科学、哲学和艺术，都被许多人强烈谴责。财富、奢侈品和地上的商品都被质疑。婚姻虽未受到谴责，但独身得到了更高的赞誉。某种禁欲主义的倾向尤为迅速地兴起。一个真基督徒的标志是对世界和死亡的蔑视。第2和第3世纪充满了二元论和禁欲主义。当教会之后变得越来越世俗，尤其是君士坦丁前后，这种倾向在最严肃的基督徒中更加坚固。对这种分裂运动的强烈抗议，如孟 他 努 主 义（Montanism）、诺 瓦 田 派（Novatianism）、多 纳 徒 派（Donatism）反对教会的世俗化（verwereldlijking）一样，要么没有被听到，要么被拒绝了。教会不想走禁欲主义和分离主义的路线，而是希望成为一个世界性教会，因此她就如此行。然而，除非教会承认并将禁欲主义和修道院主义作为矫正因素，否则这些就不可能发生。教会同时坚持认为，禁欲主义和修道院主义并不是针对所有人的普世基督徒典范。这样，教会没有断然拒绝，而是维持那次等的典范，因而避免了分离主义。

　　教会和世界之间最初的质性差异成了量性差异。神圣与非神圣之间最初的对立变成了好与更好、道德戒律与福音劝勉之间的对比。这正是理解罗马天主教世界观的最佳一面。罗马天主教的观点经历了一段时间才完全形成，但其基本原理在第2和第3世纪已然存在。即使这个体系尚未充分发展，其动机十分明显。根据罗马天主教的观点，"世界"越来越失去它在圣经中的伦理意义。自然之物不是有罪的，但在本质上无法达到超自然层面。超自然之物是特加的恩赐（*donum superadditum*）。思想一致的罗马天主教神学家否认原罪是正面的，认为它是负面的，因它缺失了特加的恩赐。因此，在基督教之前或离了基督教的世界的未来实为相同，否则人类就不会在被造时就有这个恩赐（*donum*）。自然和世界是好的，不是败坏的；它只是缺失了凭自身力量永远无法触及之物。基督教信仰和恩典进入了世界，为要使世界有可能获得超自然之物，就是得见神（*Visio Dei*）。它不会改革和更新现存的东西，它只是完成和完善被造物。基督教超越就近自然之物，但它不会渗透和圣化这些事物。罗马天主教以此认为自己才是真正具有大公性的，改变了新约圣经大公性的性质。净化并圣化一切的基督教原则的大公性被替换成了二元论。此二元论将超自然与自然分离，认为超自然的超越于自然。

　　因此，创造和再造（英：creation and recreation；荷：schepping en herschepping）仍是两个相互独立的实在。除了自然和超自然之间、神与人之间、信心与知识、教会与世界、灵魂与身体、宗教与道德、寂静主义（quietism）与活动（activity）之间的妥协，再无他物。人们被迫继续尤为谨慎地权衡自然可能和可以发展的程度以及超自然的起点，例如在道德层面。罗马天主教的原则归根结底是伯拉纠主义，是一个"附加"或增补性体系。神的形象增补了我们的人性，恩典添加到自然上；福音性劝勉增补了伦理戒律。此外，它是影响了基督教信仰真正本质的原则；教皇增补基督，弥撒增补基督的牺牲，传统增补圣经，人类规条增补神的诫命，爱增补信心，圣徒的功德填补软弱者的缺点。一个人于此生在圣洁的阶梯上爬得越高，在永恒里就爬得越高。天国里有不同程度的惩罚，亦有不同层次的救恩。[10] 在世的名次与永恒中的名次平行，甚至与天使的等级平行。由于这种发展，自然成为基督教的前提，基督教成了罗马天主教的前提。基督

---

[10] 英译注：巴文克在此指向托马斯·阿奎纳，《神学大全》，卷三，第95和96问。

教不再是罗马天主教的内容，它只是罗马天主教上层建筑的基础。基督成了教皇登上宝座的台阶。

我们从中不难看出罗马认为必须与文化、国家、社会、科学和艺术相对立的原因。根据罗马天主教的观点，就排他性而言，基督教就是教会。一切取决于此。教会之外是非神圣的领域。我们的目标必须是让教会在凡事拥有霸权。所有权柄和能力被置于教皇权柄之下。博尼法八世（Boniface VIII）在他的教宗诏书《我信》（*Unam Sanctam*）中清楚说明："因此，我们宣布、说明、定义和宣告，为了获得救赎，每个人都完全有必要顺服在罗马教宗管辖之下。"天上和地上一切权柄都已经赐给了世上这位基督的代理者（Christ's Vicar）和代表。因此，他的统治权（lordship）延及整个世界。虽然自然秩序本身是好的，但它仍属较低的秩序。有时，人们可能会倾向于认为，罗马天主教确实认为自然秩序被罪破坏。例如，教皇经常断定国家是罪带来的后果。然而，罗马天主教的深刻思想似乎越来越认为，自然秩序虽好，但仍属较低的秩序。国家是月亮，教会是太阳。国家是人类的实在，教会则是神圣的实在。理性和科学是好的，没有败坏，且能凭自身取得众多成就。在中世纪，亚里士多德在他的领域中的权柄，与圣经在其领域的权柄相当。但只有圣经的权柄属于更高等级。同样，世上的艺术是好的，但教会艺术更佳。婚姻未被拒绝，但独身却是基督徒的终极理想。财产是合法的，但贫穷更值得褒奖。选择尘世的职业不是罪，但修道士的沉思生活更卓越，更有价值。

因此，罗马天主教所持守的基督教信仰之大公性的意义在于，它试图使整个世界顺服于教会。但是，它否定了大公性的以下意义：基督教信仰本身必须在所有事物中成为发酵的动因。这样，一个永久的二元论仍然存在，基督教不会成为一个内蕴的、正在改革的实在。这种二元论不是一种矛盾现象，让其中一方消除另一方。罗马天主教并未以摩尼教方式废除自然秩序，而是抑制它。它保持婚姻、家庭、财产、世俗职业、国家、科学和艺术的完整，甚至比新教给予它们在自身领域更大的空间和自由。【尽管如此，它贬低并抑制了这些，在一切事物上烙上蔑视的印记，并世俗和非神圣的标记。】[11] 罗马天主教并非对比神圣与非神圣，而是对比神圣与

---

[11] 编注：英文译文简化了此句翻译，此处中文译文直接译自原文。荷兰原文：maar het degradeert en deprimeert het natuurlijke; het drukt op alles den stempel der minachting, het brandmerk van het profane, van het ongewijde.

世俗。它物质化了伦理，并非因着和基于自然的不洁而视其为不敬虔，而是因其无力获取超自然之物。罗马天主教因此亵渎了宇宙。诚然，此罗马天主教原则本质上在中世纪比现在更加清晰。教皇和皇帝之间的冲突就在我们眼前上演。但罗马天主教并未改变，在任何主张上都不退让。事实上，天主教到耶稣会的发展让我们比以往更清晰地看见了罗马天主教的目标。中世纪仍然是所有罗马天主教信徒向往的典范。1879年8月4日教宗通谕宣布恢复托马斯主义哲学，这印证了此种渴望。[12]

显然，这样的世界观就需要一个严格的组织系统；为了使超自然领域仍为超然实在，它不得不被纳入等级性教会。将超自然作为凌驾于自然之上的能力需要一个自我存在的机构，尽可能不依赖人民和个体。教理与教会的发展同时出现，互相促进。如此，基督教信仰的大公性与教会的大公性便一起恶化了。在许多方面，新约圣经所描绘的教会到底如何发展成旧的天主教和罗马教会系统，至今仍是个谜。但我们诚然所知的是，从第1世纪末开始，一切都朝着合一和集中化方向推进。有诸多因素使然：教会与犹太教的最后纽带松开了；基督徒生活的孤立处境；他们在生活每个领域的影响甚微；猛烈的逼迫使他们合一；主流的知识和哲学对他们信仰的激烈攻击；他们自己圈子里出现了异端和分裂；他们深切感受到与整个犹太教和异教世界的对立；约束早期基督徒的真实爱心和一致和谐。这一切因素都有助于推动教会将所有地方教会整合为一个大公教会，其本质被视为一个超越地方教会的机构。迄今为止，该大公教会在宣告教皇无误中达致最新和最高的发展。[13]

教会在初期阶段对合一深刻有力的自我认识令人难以置信。我们这些新教徒在这主观主义的时代几乎不可能真正领会这一点。然而，当时人们坚信世上只有一个教会，他们在那时相信与现有的教会分离就是与基督分离。无论谁不以教会为母，就不能以神为父。用居普良的话说：正如在大洪水期间方舟之外无救恩，现在也是教会之外无救恩。这正是严格执行训诫及严厉审判异端与分裂者的原因，他们破坏了教会的合一和教导，偏离到最武断的主观主义的潮流中。教会之外（*extra ecclesiam*）——在现有组

---

[12] 英译注：这里指向教皇利奥十二世（Pope Leo XII）的通谕《永恒之父》（*Aeterni Patris*），通谕确立了托马斯主义在罗马天主教中的"官方"地位。
[13] 英译注：梵蒂冈第一次会议在 1870 年就教皇无误的宣言文本可见于 Philip Schaff, *Creeds of Christendom*, II, pp. 262-71

织性教会之外——无救恩（ *nulla salus* ）是所有教父的共同信念，不仅包括居普良、耶柔米，还包括奥古斯丁。事实上，没有人比驳斥多纳徒派的奥古斯丁更有力地捍卫教会的合一。他具有活泼、有理想、富有想象力的个性，以其所有的生命激情来爱大公教会。他喜悦教会的庄严组织、主教制度丰富的表达、传统的确定性、敬拜之美、恩典渠道的丰富。教会虽不是他思想和生活的核心观念，却是前提。尽管他的预定论似乎有时会破坏这种合一，但后者仍然无法与他的教会论相隔。教会之外，异端者和分裂者能参与一切事务。"在教会外，他[分裂者以马图斯（Emeritus）主教]除了救恩可以拥有一切；他可以有职分，可以有圣礼，可以唱哈利路亚，可以用阿门回应，可以持守福音，可以拥有信心，甚至以圣父、圣子和圣灵之名讲道，但他在大公教会之外找不到救恩。"[14] 在多纳徒分裂运动中，奥古斯丁所看见的正是对神应许的否认，并否认对作为基督唯一身体之教会的爱。

这仍然是罗马天主教的立场。不管发生何事，不管教会的合一在何种程度上被不可挽回地打碎，罗马天主教一直坚持的立场就是，在她之外无救恩。诚然，这种教导并没有逐字地出现于正式的信条中。尽管如此，教会会议和教皇一再如此主张。第四次拉特朗公会议（the Fourth Lateran Council，1215年）在第一条决议提出如下主张："然而，在真正唯一普世忠心者之教会之外，绝无人能蒙拯救。"[15] 教宗尤金四世（Eugenius IV）谕令《向主颂赞》（ *Cantate Domino* ，1441）中明确指出，异教徒、犹太人、异端或分裂者将永无份于永生，即便他们为基督之名殉道也一样无份。罗马教会——在她以外无救恩——与挪亚方舟的比较一次次被提起。《天主教教理问答》（第1部，第10问，第13与16条）中出现了此比较，在庇护九世（Pius IX）于1854年12月9日的讲话中也予以重复。[16]

---

[14] 英译注：巴文克在此引用了 " Super gestis cumEmerito sermo," *Opera Omnia,* Paris, 1555, VII, folio 135 col. 4. 拉丁文原文："Extra ecclesiam totum potest (seil, habere Emeritus) praeter salutem; potest habere honorem, potest habere sacramentum; potest cantare halleluja; potest responderé amen; potest evangelium tenere; potest in nomine patris et filii at spiritus sancti fidem et habere et praedicare, sed nusquam nisi in ecclesia catholica salutem potest invenire."

[15] 英译注：巴文克引文的拉丁文原文：*Una vero est fidelium universalis ecclesia, extra quam nullus omnino salvatur.*

[16] 英译注：庇护九世于1854年12月8日颁布了《不可言说之神》（ *Ineffabilis Deus* ）的教谕，即关于童贞女马利亚完美无瑕疵的感孕。

然而，即使是罗马天主教也不得不在某种程度上适应教会历史中不可否认的现实情况。在基督教会的前几个世纪，人们仍可能相信，在唯一的教会机构之外无救恩，即使把基督教完全等同于教会是极度危险的。然而，历史让人越来难相信这个信念。在诺瓦提派、多纳徒派和希腊教会的分裂中，成千上万的信徒割裂与罗马天主教的团契。在亚流、基督一性论（Monophysite）、基督一志论（Monothelite）的争议中，由于大公教会会议的教理结论，更多信徒被排斥在唯一蒙拯救之教会的团契之外。在16世纪，席卷整个基督教欧洲的宗教改革又造成了一次大分裂。最后，在我们这个时代，全世界4亿基督徒中只有不过半数的人尊罗马为教会母亲（mater ecclesiae），或尊教皇为基督的代理者。鉴于此，许多有思想见地的罗马天主教徒越来越难接受他们教会的这一立场，无视他们团契之外的所有基督教信仰，视其为一种虚假和虚伪。许多神学家也试图缓和这个教导的严厉性。它们区分实质性和形式性异端。后者源自误解，不应受罚，而前者是顽梗和故意否定教会和教义的合一。他们在《天主教教理问答》（第1部，第10问，第1条）中找到这一区分的依据。该条款指出，并非每个在信仰上犯错之人都被视为异端，唯有"无视教会权柄，顽梗地坚持不敬虔观点"之人才被视为异端（qui ecclesiae auctoritate neglecta, impias opiniones pertinacio animo tuetur）。因此，许多罗马天主教神学家对一些犯错误的新教徒作出较温和的评断，甚至庇护九世（Pius IX）在上文提到的讲话中，也用下面的话来限定他关于教会之外无救恩的说法："然而，我们也必须同样肯定，那些苦于对真信仰无知的人，如果这（无知）本身不能胜过，那在主眼中不应受到责备。"[17] 即使是教皇也不敢为这无知划定界限。

在更重要的一点上，罗马天主教似乎自相矛盾。早期教会的神学家和教会会议一致拒绝异端的洗礼。居普良的一贯结论就是，教会之外无救恩、无殉道、无洗礼。[18]奥古斯丁却犹豫不决，未下此结论。因此，他将教会与洗礼分开。异端是在教会之外，在救恩之外，但仍然可以分享包括洗礼在内的诸多教会祝福。异端的洗礼仍然有效，但只有在他们回到教会的怀抱时，才能以救赎的方式坚固信心。这仍然是罗马天主教的判断。如果罗马

---

[17] 拉丁文：*Sed tarnen pro certo pariter habendum est, qui vero religionis ignoranta laborunt, si ea sit invincibilis, nuila ipsos obstringi hujusce rei culpa ante oculos Domini.*
[18] *De unit, ecci* 10 & 12.

天主教并非在洗礼认可中寻找它对我们的合理主张,【以及我们对它不动摇之顺服的证据】[19],那么我们对大公性的这一要素就更加感激了。我们的洗礼已经成为罗马天主教不容忍我们的根本原因。当然,教会之外无救恩(*extra ecclesiam nulla salus*)并不必然导致迫害和惩罚异端。教会和国家的结盟首先产生此想法:不仅谋杀和屠杀应受到民事行政官的惩罚,异端和分裂分子亦然。基督教国家的观念带来对异端的刑事定罪。即便这样,这个观念在经历一段时间后才最终在教父中成为规范。但是,奥古斯丁"强迫他们进来"的思想产生了致命的、与他自己意图和解释相悖的后果。罗马天主教将迫害和惩罚异端变为基督教信条的一部分。中世纪教会会议多次批准这种迫害。教皇监管这些迫害,并创立了宗教裁判所。历史已经嘲弄了"教会不渴望让人流血"(*ecclesia non sitit sanguinem*)的说法。所有罗马天主教所尊敬的权威托马斯·阿奎那明确宣告,不仅要把异端驱逐出教会,而且要把他们送到世俗政权那里予以消灭。[20]《天主教教理问答》(第1部,第10问,第8条)呼吁所有罗马天主教徒相信,异端和分裂者在教会权力之下,"从而那些被它召集接受审判之人会受到惩罚和咒诅。"最后,庇护九世在1851年8月22日的《使徒劝勉信》和1864年12月8日的通谕中,谴责了教会无权通过今生惩罚来强制那些违反教会法的主张。

因此,罗马天主教在洗礼领域承认的大公性彻底失效。我们的洗礼使它的宗教法庭和不容忍的合理化。如果有人认为罗马天主教在这个问题上无法改变,那么我们完全可以与沃修斯(Voetius)时代一样说道:"与罗马天主教之间没有和平(*Nulla pax cum Roma*)。"[21]

宗教改革与罗马天主教强有力的立场几乎全面冲突。按照惯例,16世纪的宗教改革单单被视为教会的改革。然而,事实上它远不止如此;它根本是一种构思基督教本身的全新方式。罗马天主教的世界观与生活观是二元论的,认为自然与超自然之间的分离只是量上的。借着回归新约圣经,改教家们用一个真正有神论的世界观取而代之,使这种差别成为质性的。在这个问题上,马丁路德、慈运理和加尔文是一致的。他们都试图把整个自然领域从教会的霸权中解放出来。在这方面,他们与设想从教会中解放出来的人文主义者一致。尽管有形式上的相同点,但二者的差异何其大!

---

[19] 编注:英文译文中遗漏了括号中的内容。
[20]《神学大全》,II, 2 qu. 4 art. 3.
[21] *Pol.Eccl.*II, 527.

虽然人文主义者主张被视为善良和未败坏的自然人的权利，但是改教家们主张属基督之人（den christenmensch）的自由，因他们靠着福音已经从罪和死的律法中释放出来了。他们摒弃罗马天主教把基督教和教会等同的做法，可以恰当地被称为霍尔茨曼（Holtzman）所说的"世界性基督教"的创立者。宗教改革不仅让我们更好地理解关于圣子和圣灵、教会和赦罪等相关的信仰内容，还让我们再次重视普世基督教信仰的第一条，并着重认信："我信上帝，全能的父，创造天地的主。"他们以此方式发现并恢复了自然之物的应有地位，并净化它，使其脱离亵渎和非神圣的罗马天主教的烙印。自然秩序并非价值更少或秩序较低，似乎它不能被圣化或更新，而只能被压制和管理。即使自然之物的起源是创造而非再造，源于父而非子，它依然与教会同样神圣。正是出于这个原因，改教家对基督教有如此彻底健全的理解。他们很普通，是自然人，却是属神的人。他们并无奇特、怪异、夸大或非自然方面，也毫无不健康的狭隘心态；此心态甚至经常扭曲了那些真诚的基督徒。诚然，新教对世界的评估一般比罗马天主教更为严峻。新教的道德要严格得多，有时甚至过于严厉拘谨。事实上，新教徒相信罪败坏和污秽了一切，承认整个世界"卧在恶者手下"，其中充满试探。同时，新教徒承认自然秩序本身并不是非神圣的，因此它是可以被洁净的，但绝不能被轻视或拒绝。正因为新教徒比罗马天主教徒更认真地对抗罪恶，他们也能欣赏自然秩序的正确价值。在新教中，自然和恩典的机械关系让位于伦理关系。基督教信仰并非一种量化的、以超然的方式遍布自然领域的实在；它是一种宗教和道德的力量，以一种内蕴的（immanent）方式进入自然领域，只消除其中非神圣之物。天国是宝贝和重价的珍珠，但也是芥菜种和面酵。

到目前为止，所有改教家在这点上都同意。但现在，我们遇到了分歧。虽然路德路德仍然持守这一点，但慈运理，特别是加尔文，走得更远。马丁路德经常有如下言论：

> 基督来并不是要改变外在事物，而是要改变内在的人心。福音与世俗之事无关……［商业贸易之事］无需圣灵。王子可以是基督徒，但他不能作为基督徒来统治；作为统治者，他不能被称为基督徒，而是被称为王子。这个人是基督徒，但职务和王室的尊严却与基督教无关。总而言之，基督希望每

个人都持守本位。祂所要求的是，那些曾经服侍魔鬼的人，
从今以后要服侍祂。

因此，马丁路德像加尔文和慈运理一样，将世俗领域从教会中解放了出来。然而，他却使它立于属灵领域一侧，二者毫无关联；他有时说得好像对外在世界漠不关心，外在世界也不能得到伦理的更新。马丁路德此处的错误在于他限制了福音，限定了神的恩典。福音只改变内在的人、良心和内心，其余的维持不变，直至最终审判之时。结果，二元论没有完全被克服，真实且完整的大公性也未实现。再造（herschepping）继续与创造（schepping）并肩而立。

甚至慈运理也不能够完全从二元论中解脱出来。不过可以肯定的是，他对生活和世界的看法与马丁路德完全不同。基于真理，他以不可动摇的信心所追求的理想（ideal），是先更新人类，然后借福音也更新整个生活、国家、社会和全世界。慈运理在改革实践中也表明，他希望在生活的各个领域实现福音的改革和更新的能力。然而，当他试图在理论上说明此点时，却失败了。对他而言，肉体和灵、人类公义和神的公义会继续以二元的方式并肩而立。[22]

要彻底克服这种二元论乃是日内瓦改教家的任务。我不否认，即使是加尔文也强调舍己、背十字架、长久受苦和节制这些消极的美德。我也不想无条件地赞扬加尔文在日内瓦的改教工作和他完成改革的方法。然而，正是加尔文辛勤劳苦地完成了宗教改革，拯救了新教。他追溯罪之效应的程度要比马丁路德更广，比慈运理更深。正因如此，与加尔文相比，神的恩典在马丁路德那里更受限制，在慈运理那里没有那么丰富。在法国改教家的强大头脑中，再造（re-creation）不像天主教神学中那样，是增补创造的体系，也不像马丁路德的宗教改革那样让创造保持原样，更不像重洗派那样是个全新的创造（new creation）；再造是一个所有被造物要被更新的喜乐的消息。在这里，福音得以完全彰显，具有真正的大公性。没有任何事物不能或不应被福音化。不仅是教会，而且家庭、学校、社会和国家都

---

[22] 编注：这段内容实则为巴文克论慈运理伦理思想之博士论文的概述。这篇博士论文于 1880 年发表，其中阐述了慈运理神学思想中在人论和伦理思想上的二元论特色。Herman Bavinck, *De ethiek van Ulrich Zwingli* (Kampen: Zalsman, 1880), 12-13, 131-132.

处于基督教原则的统治之下。加尔文在日内瓦以钢铁般的意志和不容缓和的严谨精神建立了这种支配性原则。因此，德国的改革是敬拜和讲道的改革，而瑞士的改革囊括了国家和社会的更新。前者纯粹是宗教性（godsdienstig）[23]，后者则表现出了社会和政治特性。所有这些都是因着这个事实：对马丁路德而言，圣经只是救赎真理的来源，而对于加尔文而言，它是整个生命的规范。

基督教大公性的新观念也影响了教会的改革。罗马天主教曾把救恩和与教皇职位相连，即救恩取决于教皇。但改革宗教会并不是视自己为唯一救恩机构，把自己与罗马天主教割裂。宗教改革迎来了另一种教会观。罗马天主教已经把教会视为存在于人民之上的绝对可靠的机构，而宗教改革的教会观又回归到了新约的教会观，即教会是一群真正信靠基督之人的集会，是神的子民。教会之外无救恩；教会应脱离于所有形式机构，处于与基督神秘联合的不可见领域。因此，合一和大公性缺乏具体的组织架构，但它们是所有基督教世界隐藏的根基。用《第二瑞士信条》的话来说：

> 我们看到"因为只有一位神，在神和人中间，只有一位中保，乃是降世为人的基督耶稣"（提前 二5）；并且祂是全体羊群的牧者，这身体的头。总之，只有一位圣灵，一个救恩，一个信心，一个圣约或盟约，随之必然只有一个教会。因此我们称之为大公的，因它具有普世性，遍布世界各地和各个角落，延伸至所有时代，且不受时空的限制。[24]

然而，这种经过变更的教会观确实带来了一个最困难却最重要的问题：一个教会如果仍然被视为真正的基督教会，它到底可以恶化到何种程度？如何才能同时保持教会的大公性和真理的完整性？根据新教的原则，这个问题不可能有绝对的答案。虽然路德宗教会和改革宗教会都自称是真实且纯洁的教会，但他们仍然慷慨地承认除自己之外的其他教会都是属基督的

---

[23] 编注：英文译文采取了意译，将荷兰文 godsdienstig 译作 ecclesiastical（教会的）。然而，godsdienstig 最好译作宗教性（religious），因 ecclesiastical 最佳对应的荷兰文是 kerkelijk。

[24] *Second Helvetic Confession*, chap. 17; translation from John Leith, *Creeds of the Churches* (Garden City, N.Y.: Doubleday, 1963), p. 141.

教会。诚然，是否仍然视罗马天主教为基督的教会（ecclesia Christi），改革宗神学家对此众口不一。虽然如波兰努斯（Polanus）[25] 等人对此表示肯定，但大多数人却犹豫不决，宁愿简单地说罗马天主教只是基督教会的残余[26]，而另一些人则坚决否认[27]。此外，他们同样明确地否认罗马天主教的教导本身是救赎性的，因为纯正的福音真理跟偶像崇拜与迷信如此混合，以至于它再也不是良药，只不过是掺杂毒药的酒而已。[28]

纵使如此，他们承认所有基督教会的洗礼——如希腊东正教、罗马天主教、重洗派和阿米念的洗礼——都是有效的基督教洗礼。这洗礼能使领受者单纯地认信并加入真正的教会。这种教会的大公性甚至使得沃提思（Voetius）犹豫要不要拒绝苏西尼派（Socinians）的洗礼，即便后者反对三位一体教义，这已经超出了基督教的范围。[29] 此外，还有一个关于纳瓦拉的亨利（Henry of Navarre）的故事。当为了法国王位而准备放弃自己的信仰时，他曾问过一位改革宗传道人和一位罗马天主教神学家，是否改革宗和罗马天主教会中都有救恩。罗马天主教神学家否认了改革宗教会中有救恩的可能性，但改革宗传道人不愿对罗马天主教下同样的判断。亨利对改革宗传道人的回应是，由于两人之中只有一人支持改革宗信仰，而双方都为罗马天主教的信仰作见证，所以接受罗马天主信仰是更谨慎的选择。我不打算为这个故事的真实性而辩护，但它至少说明了一点，没有新教徒敢把救赎限制在自己的教会之内。其原因是，新教徒并没有像罗马天主教那样，利用教皇权柄对救恩范围做出无误且绝对的界定。相反，所有新教徒，特别是改革宗信徒，谦卑且恰当地相信，我们不能确定某个人身上恩典的大小，尽管他可能有许多罪恶和错误，他靠此恩典仍保持与神相交，而且我们不能确定一个人到底要获得多少救恩所需绝对必要的知识。[30]

这一信念必然使新教不仅在信仰和神学之间作出重大区分（这其实是早期的区分），而且也在基要信仰内容和非基要信仰内容之间作出重大区分。加尔文已经予以区分，避免让每次教会分裂都合法化，包括那些他从

---

[25] *Synt.Theol. pag.* 535 D.

[26] Calvin, *Institutes*, IV.ii.ll; *Conf.Gall. art.* 28.

[27] Zanchius, *Op.Omnia*, VIII, 81.

[28] Voetius, *Disp.*II, 786.

[29] Disp.Ill, 760.

[30] Voetius, *Disp.*II, 537,538, 781, passim.

事改革的教会的分裂。[31] 从新教的角度来看，在圣道宣讲是否纯洁上，必须有一些灵活性，否则所有群体生活几乎都将无法实现；最可怕的宗派主义也将油然而生。随之而来的是另一个关于异端和分裂主义的判断。我们不能无条件地接纳早期教父的所有诅咒。路德宗和改革宗根本不问这些人的主观信念；他们认为异端在错误中是真诚的，在信仰和认信中确实忠于自己的良心。相反，他们基于客观基础来处理这些问题，并得出与奥古斯丁相同的结论："当人并不正确地相信神时，他的生活就很败坏。"[32] 按照沃提斯（Voetius）的说法，异端不可能圣洁或虔诚。[33] 尽管如此，异端和分裂主义的观念已经大大衰弱。罗马天主教可以称每个离弃教会教导的人都是异端。罗马天主教神学家可以争辩说每一个异端分子都失去了信仰的性情（the disposition of faith）[34]。新教徒不可能再肯定此点，因此他们对怀疑（twijfeling）、错误（dwaling）和异端（ketterij）作了区分。"异端"一词现在专指在基要教义上有顽固且持续犯错之人，因此它本身就是一个不确定的概念。即使这样，它并非与真正的信心和重生不兼容。信徒亦会落入异端状态，停留其中，甚至死在其中。[35] 只要我们承认他们的洗礼，异端的"基督徒"之名就不能被否认。

与此同时，对异端的宗教迫害和惩罚的态度也逐渐发生变化。当民族性和国家性教会在宗教改革期间兴起时，国家民族和宗教合一彼此密不可分的信念长期存在，甚至在改教家中亦然。所有改革者绝不认为行政官员在宗教方面没有义务，在公民属灵福祉上可以漠不关心。因此，在所有宗教改革盛行的国家中，某个认信会被提升为该国的信仰。【其他信仰的认信者】[36] 要么被放逐要么被容忍，但绝不会被赋予平等权利。甚至对其他宗教的容忍也作为一种视情况而给予的让步，而不是行政官员的义务。此

---

[31] Calvin, *Institutes*, IV.i.12,13; IV.ii.1.

[32] 英译注：巴文克在此引用了一段没有记录过的拉丁文：*Male viviturcum de Deo non recte creditur.*

[33] Voetius, *Disp. Ill*, 761.

[34] 英译注：巴文克在此用的术语是*habitus fidei*，它可以被定义为"神赐给堕落之人拥有信心的属灵能力"。（此定义源自Richard A. Müller, *Dictionary of Latin and Greek Theological Terms* (Grand Rapids: Baker, 1986), s.v. *habitus fidei*.

[35] Voetius, *Disp.III*, 758.

[36] 编注：英文译文并为准确翻译括号中的短语，把荷兰文 De belijders van andere religies 译作 Those who dissented（那些异议者）。此句荷兰文应译为英文 the confessors of other religions，中文为"其他信仰的认信者"。

外，这种容忍并不排除剥夺全部公民权，禁止礼拜和改变宗教信仰，以及强制参加正统教会的布道等做法。这一切都与我们所知的宗教自由、所有教派有平等权利相去甚远。授予错误和真理平等的权利，这当然不会发生在教会里，它只能是在社会里，但它其实几乎没有发生过。毕竟，在国家层面，真理不能否认自己；因此，它必须声称自己乃是排斥错谬的真理。所有真理的绝对性都要求人们承认它，在生活的每一个领域中拒绝任何中立和冷漠。

然而，宗教改革在一个重要方面确实打破了罗马天主教迫害异端的习俗，那就是良心自由，而罗马天主教坚决反对这一概念。罗马天主教声称所有受洗的人都理所当然地属于她，甚至允许使用武力把人们带回到救恩唯一泉源之教会母亲怀里的做法。宗教改革必须摒弃一切对良心的胁迫，这不仅是因为它用血和泪从罗马天主教的暴政中赢得了自身良心和崇拜的自由，也不是因为她未能看到异端的危险（异端其实比许多罪行更危险），也不是因为她认为良心是不能被错误玷污的圣地。相反，宗教改革在原则上反对一切良心胁迫，因为在这一领域中，只有神才有主权，而不是人。只有神才能约束良心，任何受造物都不应该、也不能篡夺神所独有的这一权利。胁迫在此无济于事。"信仰需要劝说，而不是胁迫。"[37] 任何人都不能被自身认为虚假的宗教所救赎。因此，无论我国严谨的改革宗阵营如何力图对非改革宗信仰实行公开限制，他们从未坚持要求审查或骚扰其他宗教信仰者的良心和信仰。事实上，他们显然反其道而行之。在新教的基础上，宗教审判所不能成立。

三. 大公性在今日要我们面对的义务

宗教改革后，天主教和新教的历史辜负了人们的期望。在16世纪，罗马天主教确实经历了非常重大且无法挽回的损失，但是她不仅继续和改革宗的教会并存，还在天特会议中重新站稳脚跟，从内部巩固了自己。她与新教运动完全切割，让所有和解的希望永远破灭了。此外，在对抗变节异端的战斗中，它意外得到了耶稣会的强力支持。作为一切反新教力量的化身和支持者，耶稣会倾尽全力破坏宗教改革的工作。通过控制教育，此修

---

[37] *"Fides suadetur, non cogitur"*; Voetius, *Disp.*II, 615; *Pol.Eccl.*II.385f., 389,400.

会阻止或颠覆了许多国家宗教改革的成果，并试图通过将天主教引入许多异教地区来弥补欧洲宗教改革对其造成的损失。

尽管耶稣会修士在与宗教改革抗衡中不得不使用诸多倒退的手段、充满失望、敌意和仇恨，但他们让自己成为罗马天主教，特别是教皇，不可或缺的助手。我们可以说，天主教和耶稣会主义逐渐同义化。罗耀拉（Loyola）修会在宣告圣母马利亚无罪和教皇无误中取得大捷。基督教信仰完全被特异的罗马天主教所吞噬。基督教和教会的大公性仅限于特定的空间和人，教皇与马利亚成了其全部的意义。罗马天主教公开声称："教皇所在之处即教会。"[38]

宗教改革自身很快就失去了青春的勇气和新鲜活力。仅一个世纪之后，这个强大的运动已经停顿，且很快衰退。在中世纪，尽管罗马天主教力量庞大并熠熠生辉，但她并未成功地把一切置于教会的霸权之下。流行诗歌、骑士精神、对女性的尊崇、道德卑劣、放荡盛行、嘲弄宗教、不信，都证明基督教往往只是一层覆盖人们自然生活的虚假薄衣。然而，无论宗教改革在概念上多么普遍，她在基督化生活方面并未多么成功。艺术、科学、哲学、政治和社会生活从未完全吸纳宗教改革的原则。虽然在理论上二元论已经被克服，但在生活的许多领域它仍然是一个实践的事实。甚至神学家和神学在很大程度上仍然植根于古代的世界观。当然，我们必须谨记，宗教改革并非现代历史的唯一层面。早在16世纪之前，在属灵和教会以外的许多领域，人们对自由和解放的渴望就已觉醒。社会和政治生活的巨大变化，古典主义的复兴，自然科学的发展，以及独立哲学的兴起，都是在宗教改革一开始就相伴的强大力量。当这种二元性在一段时间后演变成对抗时，宗教改革在仍受其最深影响的圈子里都变得令人失望、沮丧，并固步自封。因此，基督徒生活的独特概念诞生了。扼要而言，我将称之为"敬虔主义"。不管如何改变，这都是早期教会在孟他努主义（Montanism）、诺瓦田派（Novatianism）、多纳徒派（Donatism）时期所呈现的的相同方向。在中世纪，许多教派和修道会都呈现出同样的精神，并在宗教改革的时期，以最激进的形式出现于重洗派中。在17至19世纪期间，它在各种宗教运动中形成，其中包括独立主义团体和浸信会团体、贵格会和摩拉维亚派、敬虔派和卫理公会、复兴运动和达秘派（Darbyism）。

---

[38] *"Ubi Papa, ibi ecclesia"*; Jansen, *Praelect.Theol.* fund., p. 511.

时至今日，它仍是基督教信仰最重要的表现形式之一。

如是，有人提出，在18世纪这段历史之后，基督教和教会的大公性已经在反启蒙主义阴暗的罗马天主教耶稣会和其他世俗的新教敬虔主义那里戛然而止。除了这两个运动之间的差异，一些引人注目的相似之处也值得注意。

这两个运动都违背了基督教和教会的大公性，因此无法开展我们今天所说的宗教改革。时代仍在改变！在中世纪，教会拥有无上权力，我们在生活的任何方面最终都要接触教会。教会是生活的中心，教堂建筑同样是城镇的中心。宗教改革主导了16世纪的历史，以至于其他一切运动多少都黯然失色。然而，自彼时以来与宗教改革共存的解放性力量在权力和影响力上都已增强，并在经过短暂的斗争后，几乎控制了整个基督教世界。一种新的世界观出现了，它确实给予了与基督教和教会无关的一切宗教自由，并试图从公共生活中将教会消除，以便将它们置于私人生活领域中，进而使它们沦为宗派现象而已。

在大多数情况下，我们当代文化的发展无关乎基督教和教会。因此，我们的情况完全不同——一种新秩序占据上风。各种力量已经兴起，基督教信仰从未接受它们的考验，并且教会还未面对的各种现象也层出叠现。在这些现象中，我们必须考虑国家完全中立的现代理念，给社会带来完全不同形态的第三和第四产业的兴起，金融和商业的新世界，工业化和工厂生活。这些都大大加剧了社会关系的复杂化。科学领域也面临挑战：采用归纳法并取得了显著成果；相信支配所有研究的绝对因果关系；人们从儿童养育和教育、学校和大学的开放；所谓的独立科学否认神的可知性和存在，争论圣经在每一点上的可信性，颠覆地球和人类中心论的宇宙观，将进化论规律应用于一切领域，并以此为起点重构心理学、人类学、伦理、政治和每门学科，同时最多允许神学小心谨慎地邻靠于科学领域一侧。我们的确不能轻视挑战基督教、神学和教会大公性甚至挑战它们存在的力量。此外，我们也许比自己想象的更多受这种现代世界观的影响。我们对事物的看法与前几代人截然不同。虽然此生主要被视作为去天堂而准备，但如今生命有了自己的独立价值。虽然先前的道德生活因为太专注永恒，而导致对属世生命一定程度的漠不关心，但是如今人们在更大程度上重视属世之事并热切关心属物质层面。我们都一起努力，使此生尽可能过得可忍受且舒适。我们努力减轻痛苦、减少犯罪、降低死亡率、促进健康、反对公共失序和限制乞讨行为。我们与从前发展方向上的分歧也许不是原则问题，而是我们看待事物的方式已迥然不同。

罗马天主教对这新现代文化的立场很明确。1864年的《教皇无误论纲》明确表明了此立场，丝毫未向现代世界观让步，并宣布经院主义的方法与原则足以满足当代需要和科学进一步发展的需要。[39] 利奥十三世诉诸中世纪有影响力的思想家，以征服时代的精神。各地的耶稣会修士都在努力重建神学、政治、历史和哲学。他们在每个领域都接受了这样的挑战，所做的工作令人印象极其深刻，以至于只有天真的新教徒或狂热的重洗派才对此疏于承认或欣赏。

当然，新教徒没有教皇代表我们咒诅所有这时代所争取之物，也没有圣托马斯可用于援引去抗击基督教信仰和基督教会所面临的风暴。此外，我们许多人过于把达寇斯塔（Da Costa）所引述的说法（"古学并不战胜新论"）作为真理，因此不能简单地以遥远的过去作为当今弊病的解决办法。这也是五花八门的敬虔主义如此吸引当今众多基督徒的原因。我们在此并非要否认神在衰落时期通过福克斯（Fox）、卫斯理（Wesley）、斯宾纳（Spener）、弗兰克（Francke）、亲岑多夫（Von Zinzendorf）、拉巴迪（Labadie）、达秘（Darby）、厄文（Irving）、穆迪（Moody）和布斯（Booth）等人给教会带来的恩赐。谁会否认他们著作中的丰富祝福呢？他们的激情、勇气、信心和爱心令人钦佩。他们对教会世俗性和腐败的抗议并非没有来由。为了神的尊荣和人们的救恩等，他们经常被神圣的激情充满而退守隐居的生活，他们在许多基督徒美德上都卓荦超伦。

纵然如此，他们的基督教信仰中仍有缺欠。他们给我们留下的直接印象，与真正基督徒和改教家彻底健全的世界观截然不同。他们缺少真正的基督教信仰大公性。毋庸讳言，这些教派并没有全部或完全贯彻起初要奔向的结果。他们从未走向重洗派的极端；后者否定了整个世界、国家和社会、艺术和科学、神学和教会，并将基督教构思为一个从天而降的全新被造物，如同基督从天上取了祂的人性。但是，对世界及其文化的限制性、苦修的观点确实主导了他们。无论是以敬虔派的方式退出世界，还是以卫理公会方式攻击世界、寻求以武力征服世界，他们所缺的都是真正、真实、完全意义的改革。相反，个人从卧在恶者手下的世界中被抢救出来，但对

---

[39] 英译注：这里引用了庇护九世 1864 年通谕 *Syllabus of Errors*，其中他向所有形式的现代主义，包括理性主义、共济会、社会主义和宗教自由宣战。

整个宇宙、民族和国家没有一个方法性和有机性改革。因此，处理了边缘问题而非核心问题；攻击了壁垒而非堡垒本身。在整个争战的教会和整个世界王权下组成的国度之间，并非是一场强大震撼的冲突，而是一场游击战：四处削弱敌人，并未完全胜利。这是一场**个人主义**的战斗，每个人都在独自用自己的方式战斗，而不是有组织地战斗。因此，生活本身没有改变方向。这种冲突的特点是与个人的罪对抗，而往往未触及所有罪恶的根源。无信仰的科学成果被拒绝了，但科学在不同原则基础上没有内在的改革。公共生活常常被认为在本质上是"属世的"而被忽视拒绝，而人们却没有努力按照神话语的要求改革公共生活。许多人满足于在自己家中敬拜神或参与传福音，却任凭民族、国家和社会、艺术和科学自行发展。许多人完全从生活中隐退，差不多与一切隔绝，而且在某些情况下更恶劣的是，他们坐船前往美国，抛弃祖国于不信之中。需要指出的是，虽然这种取向包含很多基督教的道理，但它却缺失了基督教的全备真理。这否认了神爱这个世界的真理。这是与世界争战，甚至拒绝世界，而不是在信心中"胜过世界"。

同样，这种取向也影响了教会。你能遇到人们以不同的方式否认教会的大公性，否认其作为基督身体的合一。拉巴德主义（Labadism）和敬虔主义就是这样。它们拒绝所有现存的教会，视其为"巴比伦"。浸信会和卫理公会一样，他们倾向于以阻碍福音传播为由，抛弃一切形式的教会体制，宁愿作为一支有纪律的军队，以鼓声和飘扬的旗帜攻击世界。他们没有广泛且包容性地审视所有教会，仔细区分真假教会，而是把麦子与糠秕一同扔掉。他们简单地一举谴责所有教会都是假的，呼吁所有信徒分裂，并经常将分离本身提升为一项信仰内容。然后，教会训诫也按照这个愿景；它的目标是群体本身的纯洁，而不是使错谬和跌倒者归回基督。现有教会的洗礼被拒绝，或只在极大的保留态度下才得认可。焦点通常从洗礼本身转为信徒的接纳。

这一切的后果是什么？不是教会的改革，而是教会分裂的增加和持久延续。伴随着新教运动宗派主义兴起的是一个黑暗且消极的现象。它在宗教改革之初就已显现，但从未像在我们时代这样蓬勃发展。新教会的建立比肩随踵。在英格兰，已经有超过两百个教派。在美国，教派也是无数。分歧已经变得如此之多，而且如此微不足道，以至于人们无法追根溯源。甚至有人主张在神学上设立一门新学科，致力于教会信条历史的比较研究。

更严重的是，这种宗派主义导致了教会意识（church consciousness）的腐蚀和消失。人们不再觉察教会与协会之间的区别。与教会分离是罪的概念已经完全消失了。一个人可以十分随意地离开或加入一间教会。当教会某些方面不再使人满足时，我们就另寻教会而无良心的刺痛。事实上，我们的喜好成了决定性因素。因此，行使教会训诫变得几乎不可能；它失去了自己的真实特性。除了极少数情况，还有哪个牧者敢以正直的良心用这种形式将人逐出教会呢？这一切的最坏后果就是，基督徒通过打破教义和教会的合一，破坏了圣徒相通，令自己丧失了圣灵的恩赐（其实其他信徒正是借这恩赐辛劳地建造圣徒），局限于自己的圈子里，促使了属灵骄傲，巩固了罗马天主教，并给了世界蔑视和嘲笑的机会。

借呼吁关注这些消极方面，我无意否认这些基督教形式给基督徒生活所带来的诸多好处。毫无疑问，在敬虔主义和所有类似宗教运动中都有荣耀的真理。耶稣确实呼召我们去行必要之事，即我们要先求神的国，放下一切忧虑，因为我们的天父知道我们的需要。与神相交的生活有其自己的内容，我们的道德生活或实践属世使命并非其全部。神秘的生活与其他活动共同有其自身的合理性；繁忙的工作令休息成为必要；周日虽然在工作日之先，但确实与后者并存。在如今时代（dispensation），我们将永远无法实现我们期望未来能有的充分和谐与合一。人和教会仍会有一些片面性。我们中间无人能让福音均衡地管理着我们的思想、情感和意志，头、心和手。基督教的"属灵"（godsdienstige）层面从积极的角度可以被称为"禁欲主义"层面。然而，为了防止它退化到一种不正当的神秘主义和修道院的灵性，它需要辅以道德（zedelijke）层面，就是真正的人性一面。当一个人放弃一切并与世隔绝时，看起来确实有极大的信心。如果这人把天国视为宝藏，同时把它作为面酵带入世界中，确信那帮助我们的比那抵挡我们的更大，并相信即使我们在世界中，祂也能够保守我们免受恶者的伤害。在我看来，这样的人信心更大。

难道这不就是我们基督教信仰大公性对我们的要求吗？福音并不满足于成为其他谎言中的一种观点，它要显明自己就是**真理**，而真理就其本质而言在每个领域都是排他的。教会不是由愿意一起崇拜之人凭己意而成的组织，而是由主——那真理的柱石和根基——所建立的。世界乐意把基督教和教会从其地盘上逐出，迫使她进入一个私人内室之中。我们如果退而隐居，让世界安静地自生自灭，那没有比这能让世界更满意的事了。但基督教和教会的大公性都禁止我们此种念想。我们不可以变成一个教派，也不应该想成为一个教派；如果不否认真理的绝对性，我们也不能成为一个教派。天国不属世界，但它确实要求世上万物都要顺服它。它具有排他性，拒绝接受任何一个与它并列、独立或中立的王国。毋庸置疑，对整个时代听之任之，并在安静中寻求我们的力量确是易事。我们却不允许这种宁静平和。因为凡神所造的都是好的，若感谢着领受，就没有一样可弃的。因为万物都可以借神的道和祷告而成圣，所以拒绝任何一个祂所造之物都是忘记神恩，都是否认祂的恩赐。我们并非与任何受造物争战，而唯独与罪对抗。作为在这个时代认信基督之人，不管我们所处的关系多么复杂，不管我们在社会、政治及最重要的科学领域的问题多么严峻艰难，甚至难以解决。若我们自傲地退出争论，并在基督教的幌子下将这时代的整个文化视为属魔鬼的，这都将证明我们的不信和无力。借培根之言，这无非是试图用谎言取悦神。另一方面，信心有胜过世界的应许。这信心是大公性的，不限于任何时间、地点、国家或民族。它能进入所有处境，连于所有形式的自然生活，适用于每个时代，对万事有益，且与所有场合相关。它自由且独立，因它只与罪抗争，十字架的血能洗净所有的罪。

如果我们以此方式理解教会的大公性，那么我们作为教会，不可能使自己与普世基督教会隔绝，孤立地为我们这个时代许多教会所处的不幸情况寻找救恩。当我们注意到各方盛行的宗派主义，可能会下此结论，教会的时代已经过去了，每一群信徒都只能在遭难的盼望中等候主再来。新教原则中确实有瓦解教会的因素，也有改革教会的因素。一个基督教会被分割成无数宗派和小教会、团体和秘密聚会。像范多灵格（Von Döllinger）这样的旧天主教神学家希望团结所有基督教教会，其基础不过是一种善意的混合主义，被证明总是徒劳无功。[40] 然而，无论持续分裂对教会和教义合一多么有害，它对基督教本身造成的影响并非完全负面。它们证明了基督教信仰的生命力，在一个民族中的力量，一种仍然撼动千万人的力量。如是，基督教信仰的丰富、多面性、多样性变得显而易见了。外在合一确实有即时的诉求，且似乎更具吸引力。罗马天主教不会放过任何机会去炫耀其与新教分裂相反的辉煌合一。然而，在这种外在合一下，罗马天主教所

---

[40] 英译注：约翰·约瑟夫·伊格纳修斯·冯德林格（Johann Joseph Ignatius von Döllinger，1799-1890）是位德国神学家和教会史学家，他的超孟他努主义（Ultramontanist）倾向在他职业生涯初期影响了旧天主教的兴起。

隐藏的正是新教原则所允许彼此协同发展的差异和对抗。正因如此，宗教改革拒绝所有虚假、不真实的合一形式，许可内在不从属的层面可以有外在的差异；这实则不是诅咒，而是祝福。令人悲哀的生活事实是，国立教会仍然被罗马天主教的面酵所毒害，试图借外在联合的信仰和不信反对罗马天主教，如此却使良心麻木，品格败坏，导致完全不健康的教会生活。一般的教派和本世纪特殊的自由教会从国立教会手中夺回了宗教自由，并使信仰和认信同一切与国家相关的事物断开。这是她们给我们带来的不小益处。基督教信仰再次像我们纪元最初几个世纪一样，只能依赖自身的资源。这将使基督教信仰在属灵争战中变得更强，而不是更弱。因此，自由教会无疑拥有未来的希望。但这只需一个条件：只要他们保持基督教信仰和基督教会的大公性。

先前时代的神学家区分基要和非基要的信仰内容。这种区分往往很机械化，把两套内容松散地并排而置。这也是一种严格按照认信的区分：基要内容是根据一个人认信的内容来界定。然而，如果以有机方式来理解，这种区分确实有其效力。正如不同的个体教会或多或少都体现唯一的普世基督教会的纯洁性，各样信仰告白同样或多或少体现了唯一的普世基督教的真理。普世的基督教并非呈现在信仰告白的分割之上，而是呈现在分割之中。无论一个教会多么纯洁，她都不等同于普世教会。同样，无论一个信条在神的话语上多么精炼，都不可能等同于基督教的全部真理。每个将自己圈子视为唯一的基督教会，并声称唯独自己拥有真理的教派，都会像从葡萄树上砍下的树枝一样枯萎而死。这唯一、圣洁、普世的教会，目前仍是信心的对象，但她在基督身体完全成熟之前不会出现。只有那时，教会才能实现信心和对神儿子认识的合一；也只有那时，她才对自身有真实的认识。[41]

---

41 编注：荷兰文版中随后还有几个段落，是巴文克对坎彭神学院过去一年事务的报告，英文译文予以省略，中文译文亦然。

第二章 荷兰新近教理思想

赫尔曼·巴文克

外国和本土作家不止一次讨论过19世纪的荷兰神学。[1] 作为二手信息来源，所有这些著作以及其他作品都能提供极大的帮助，但只有代表性神学家自己的著作才能洞察不同思想学派背后的原则和本质。

本世纪荷兰神学受到了各方影响。它的特点不仅由一直存于人们中间的加尔文主义所塑造，而且也受到瑞士复兴运动的浸染；它既受德国调解神学（Vermittelungstheologie）的陶染，也受到希腊哲学陶染。然而，或许是由于这一实际情况，荷兰神学具有自己的特征，并且其历史在许多方面

---

* 编注：本文译自英文稿：Herman Bavinck, "Recent Dogmatic Thought in the Netherlands," trans. Geerhardus Vos, *The Presbyterian and Reformed Review* 3, no. 10 (1892): 209-228. 该文的荷兰文版两年后发表：Herman Bavinck, "Theologische Richtingen in Nederland," *Tijdschrift voor Gereformeerde Theologie* 6 (1894): 161-188. 荷兰文 richting 可译为"趋势、发展方向、思想学派"。荷兰版的标题此处可译为"荷兰的神学学派"。虽然荷兰文版在英文版两年后出版，但巴文克最初是用荷兰文撰写，后由霍志恒译成英文。

[1] 以下是一些论述该主题较重要的论文专著：Chr. *Sepp, Proeve eener pragmatische geschiedenis der Theologie in Nederland van 1787 tot 1858*, 3d ed. (Leiden, 1859); D. Chantepie de la Saussaye, *La crise religieuse en Hollande* (Leyde, 1860); Dr. G. J. Vos, *Groen van Prinsterer en zijn tijd 1800-1857* (Dordrecht, 1886); *Idem., Groen van Prinsterer en zijn tijd, 1857-1876* (Dordrecht, 1891); Dr. J. H. Gunning, J. Hz., *Het Protestantsche Nederland onzer dagen* (Groningen, 1889); Dr. J. A. Gerth van Wyck, art."Holland," in Herzog und Plitt, *Realenc.für Prat.Theol. u. Kirche*, vi, s. 254-266; Johannes Gloël, *Hollands Kirchliches Leben*, Württemberg (1885); Dr. Adolph Zahn, *Abriss einer Geschichte der Evangelischen Kirche auf dem Europ.Fesllande im 19ten Jahrhundert*, 2te Aufl., Stuttgart, 1888, etc.

有别于其他国家。如果仔细研究它，我们将会发现它曾在最深层的原则上有过重大挣扎。信与不信之间、福音与变革之间的较量，是荷兰神学历史上的决定因素。这场较量已经从神学转入教会、学校、政治和社会领域。一方面，我们可以追溯到一种神学思想学派，它始于旧有的超自然主义，又进入格罗宁根学派（Groningen School），最终产生现代神学，之后又不断发展，终被否定。另一方面，在本世纪初，主要在复兴运动的影响下出现了一种信仰团体。它首先在护教和调解神学中寻求支持，之后回归到荷兰神学的历史先例，并勇敢地以本国加尔文主义为立场基础。从这个角度来看，荷兰神学作为这些基本原则的拥护者，即使在外国读者中，可能也不只是引起纯粹的历史兴趣而已。

一. 超自然主义

见证荷兰改革宗教会和改革宗神学鼎盛时期的黄金时代持续时间并不长。早在 17 世纪中叶，那个看重客观性和权柄的时代，主体（subject）开始出现，并且批判（criticism）开始鹊起。理性主义和泛神论，笛卡尔主义和考克西主义（Coccejanism），都以各自的方式努力使人摆脱传统的束缚。国家和教会想要联合反对它们是徒然的；这股潮流无法遏制；18 世纪是主体性（subjectivity）的时代。改革宗神学逐渐退出了公共生活，退到更加卑微和封闭的普通民众圈子。在这个群体里，它免于灭顶之灾。也是透过这次撤离，它得以在本世纪带着新的活力涌现。另一方面，越来越多的人屈服于英国自然神论和法国哲学的影响，从而把无信仰（ongeloof）和革命引入我们之中。在这两者之间，在本国改革宗信仰和从外面突入的新神学（neology）之间，18 世纪末出现了一种温和的倾向，它以超自然主义的名义被人所知，并一直延伸到 19 世纪。[2] 其首席代表分别是：莱顿（Leiden）的范帕慕（Van Der Palm）、范福斯特（Van Voorst）、博格（Borger）、克拉理斯（Clarisse）、吉斯（Kist）、范亨格尔（Van Hengel）等教授们；格罗宁根（Groningen）的布莱斯（Abresch）、 谢法理（Chevallier）、 慕庭则（Muntinghe）、以佩（Ypey）等教授们；乌得勒支（Utrecht）的博耐

---

[2] 编注：neology（新神学）一词最初是用来指语言和文学上的创新，后来在 18 世纪下半叶用于形容那些提出与传统正统教义相佐的新教义。新神学的拥护者诉诸马丁路德所强调的良心自由，并主张宗派间的包容，削弱认信的委身。

（Bonnet）、 何润格（Heringa）、罗亚（Royaards）、布曼（Bouman）、维科（Vinke）等教授们。有一群能干和热心的牧师拥簇和支持这些人，如海牙的德芒（Dermout）、阿纳姆（Arnhem）的董珂·柯蒂乌斯（Danker Curtius）、多德雷赫特（Dordrecht）的博思维（Bosveld）和易万思·吉斯（Ewaldus Kist）等。这种超自然主义的教义趋势，可能最为人所知的是来自慕庭则（H. Muntinghe）1880 年出版的《基督教理论神学》（*Pars Theologie Christiane Theoretica*），以及其他来源。

超自然主义的性质不难描述，主要特征就是肤浅。它并不希望被认定为不信；其实远非如此，它尊重宗教，自称虔诚，高度评价圣经和基督教。它强烈厌恶新神学。它也不想成为维科查德（Wegscheider）和帕洛斯（Paulus）那种意义上的理性主义，但以自己的合理性（rational）而自豪。理性在宗教领域取得了很大的进步，尽管它也离不开启示，甚至也认为启示很有必要。就此而言，超自然主义的出发点并非启示和信心，而是从一开始就处在制高点俯视两者，并在推理的过程中试图进入启示，证明信仰的合理性。圣灵的见证（*Testimonium Spiritus Sancti*）在这个观点中的确毫无作用。源于神迹和预言的论证已经失去了力量，甚至否认了圣经的可信度。因此，超自然主义选择了历史的进路。在各种外部和内部证据帮助下，新约圣经的真实性、完整性和可信性首先得以确立。从人类之信（*fides humana*）提升到真正的神圣之信（*fides Divina*），因为新约圣经已被证明是可信的，它揭示了耶稣和使徒们的神圣权柄，这也被神迹和预言所证实。旧约的默示和权柄建立在新约的默示与权柄的基础上。在争取这种教理学的形式部分之后，【并将启示的真理与信仰的合理性建立在一系列历史证据之上】[3]，再开始处理教理学的实质部分，这哪算得上教理学！借助埃内斯提（Ernesti）备受赞誉的语法解经，产生了一种所谓取自圣经的圣经神学，它称不上教义学。它是某些普通、肤浅的基督教真理的集合体，并非源于圣经深处，与改革宗认信的精神和活力毫不相干。这是一种宗教的教义，

---

[3] 编注：此短句只出现于荷兰文版本。全句荷兰文为：En als men dan alzoo door de pars formalis der dogmatiek was heengeworsteld en op een reeks van historische bewijzen de waarheid der openbaring en de redelijkheid van het geloof had gebouwd, dan kwam men eindelijk aan de pars materialis der dogmatiek. Maar welk eene dogmatiek!

将神变为至高的存有，将基督变为教师，将人变为纯粹的智性存有，视罪为软弱，视归信为改正，视成圣为追求美德的过程。

总之，它在神学上属自然神论，在人论上属伯拉纠主义，在基督论上属亚流主义，在救恩论上属于道德化，在其教会论上属联合共治[4]，在其末世论上属享乐主义。[5] 它虽然以前惯于以包容的态度自夸，一旦改革宗神学和虔诚的改革宗人士思考这个问题，它立即会丧失所有耐心和镇定态度，我们对此不必感到惊讶。另一方面，它表现出对左翼的极度恐惧。它被左翼指责为心不专一，但它不断想以安抚和纵容的态度寻求左翼支持。然而，这都是徒劳无益的。一种新思想学派一旦粉墨登场，超自然主义的影响就宣告结束。

二. 格罗宁根学派

格罗宁根神学的属灵之父是 1804 至 1839 年在乌得勒支任哲学教授的范豪斯德（Ph. W. Van Heusde）。范豪斯德在《苏格拉底学派》、《柏拉图哲学的开端》和《论哲学实践的信函》中发展形成他的哲学原则。[6] 他的思想体系概述如下：几乎所有当代哲学家都是片面的，并且因此陷入了唯物主义或唯心主义。真正的哲学应该像苏格拉底和柏拉图那样以人为出发点。人类才是所有科学的真正源泉和起点。人的感觉官能（gevoelvermogen）是所有艺术的源泉，并由此产生美学。人的认知官能（kenvermogen）产生了所有低阶的纯科学（μαθηματα）；它们最终以逻辑学为顶点。人的欲望官能（begeervermogen）是所有以伦理学为中心的高阶应用科学（επιστημαι）

---

[4] 编注：巴文克在这里所用的字为 collegialistisch（荷）和 collegialistic（英）。"联合共治"（collegialism）表达了一种教会与政府的关系。这主要是基于自然权利学派（school of natural rights）的理论，将教会视为一种社会存有，在广义上如其他社会机构一样，受政府监督，但是教内事务自行负责。这种理论的缺陷在于，它将教会内外割裂。教会作为社会存有与教会内信仰事务密不可分。

[5] 编注：与此句同样的陈述也出现于巴文克《改革宗教理学》第一卷对 19 世纪神学思潮的描述中；Herman Bavinck, *Reformed Dogmatics, Volume 1: Prolegomena*, trans. John Vriend, ed. John Bolt (Grand Rapids: Baker Academic, 2003), 192.

[6] Ph. W. Van Heusde, *De Socratische School*, 4 vols. (Utrecht: Joannes Altheer, 1834-1839; *Initia Philosophe Platonicrae*, 2 vols. (Utrecht: Joannes Altheer, 1827- 1831); *Brieven over het Beoefenen der Wijsbegeerte* (Utrecht: Joannes altheer, 1837).

之准则。人类所有这些艺术和科学的根源和原则在于他对真、善、美的热爱。然而，人不仅是源头，也是艺术和科学的目标。它们都指向这一目标，引导人上升至真、善、美的本质。这才是真正的哲学：以艺术和科学为途径，教育人类明白真正的命运。因此，**教育**是范豪斯德哲学的核心思想。诚然，人按照本性拥有对真、善、美的爱和天赋。但这种爱需要教育，这种天赋需要发展。苏格拉底和柏拉图的哲学比任何其他体系都更能满足这种需求。他们把哲学从天上带到地上，把注意力从自然转到人类身上。借此，他们成为艺术和科学的恢复者和宗教的改革者。通过这一特点，他们的哲学与基督教联合，并为其做准备；它就像后者的预备教导（προπαίδεια）。尽管如此，基督教作为真正的教育（παίδεια）则更超越[7]，在关于神和我们自己的事上，比苏格拉底的哲学更能充分地指导我们。它论到神的圣洁和爱、我们的罪咎以及与神和好。基督比苏格拉底更超越，他是所有真、善和美的完美理想（ideal）。

这些思想远比冰冷的超自然主义干涸的观念更有吸引力。范豪斯德并没有因为理性与启示之间的对立而倦怠。他不谈神对人的启示，只谈人的教育。他并不把人视为纯粹的智性个体，他也视之为有道德、能审美的存有，因此并没有论及如基督的位格一般抽象的教义。如果再补充一点，范豪斯德其实是个非常有趣的人物，他也有鼓励人思考和爱真理的才能，那么我们就不难理解为什么他很快就聚集一群尊他为师的年轻人在身边。乌得勒支的一群学生和格罗宁根的另一个圈子都受到了他思想的影响。不久之后，其中许多学生都在格罗宁根市和省内成为非常出色的教授和牧师，他们彼此关系亲近。范奥尔特（J. F. Van Oordt）和霍夫斯泰德·德格罗特（P. Hofstede de Groot）于 1829 年，帕里奥（Pareau）于 1931 年，分别在大学担任教席。范赫尔维登（Van Herwerden）和阿索夫（Amshoff）分别于 1831 年和 1832 年先后成为格罗宁根教会的牧师等等。1835 年，这些人中有十二位组成了一个协会，于 1837 和 1872 年出版了面向有文化素养基督徒的期刊《爱中之真理》（*Waarheid in Liefde*）。[8] 除此之外，他们还在很多手

---

[7] 编注：荷兰文版本中，巴文克采用了 hoogste 一词，表示"基督教是最超越的"。

[8] 编注：《爱中之真理》主要由范奥尔特、德格罗特和帕里奥发起。他们成立该期刊时的共同神学思想是：神学基于神在耶稣基督里的启示。然而这种以基督为中心的启示并非强调耶稣和保罗的教导，乃是神在祂儿子里向我们启示之内容所构成的历史，即福音（Evangel）。简言之，他们的重点是"启示曾是耶稣基督"

册阐述了自己的想法，其内容涵盖了神学的所有分支。他们于 1845 年出版了《教理及护教纲要》（*Compendium Dogmatices et Apologetices*）。

　　格罗宁根神学的思想与范赫斯德的内容并没有实质区别。他们都以启示为教育人类以达致遵从神之境界这一思想为中心。在神的教义中，这个原则导致不把神视为君主或审判者，而是视为父亲。关于人类，格罗宁根神学认为人类并非承受震怒之子，尽管人有情欲和罪，却仍是神的孩子，具有神圣的才干，能有最荣耀的发展。为了实现这一目标，人类需要教育。神通过祂在自然和历史中的启示教育人。祂一直以这种方式教育异教徒；他们的宗教与基督教并不对立，而是站在较低的层面上。自然神学（*theologia naturalis*）和启示神学（*theologia revelata*）同源，前者为后者的铺路。基督教是最高阶的宗教，神的最高启示。基督教的本质并不在于教义，而在于基督的位格。在祂的完全显现中，在祂的生死中，祂就是神的启示者。诚然，基督胜任这一工作并非因为祂是父永恒和真正的儿子，不过在降世之前，祂已先存于天上。祂的启示之工并未在祂死时终止；祂的死并非满足神的公义，而是彰显祂的爱，并非必要，乃神所许可。耶稣复活和升天后，继续通过教会对人类进行神圣的教育。教会是基督教的特定机构，是神的教育机构。罗马天主教比新教徒更深谙此点。在这个关键时刻，犹太会众的雅各派教会、罗马天主教的彼得派教会和新教的保罗派教会注定要归并于未来的约翰派教会。

　　格罗宁根神学携裹着这些想法，进入了荷兰改革宗教会。在轻松战胜了超自然主义后，它很快四处传播，特别是在我国北部省份。然而，它也受到来自旧正统派和现代神学双方的严厉批评，而现代神学的主要神学家也在 1851 年后崭露头角。在与后者的冲突中，格罗宁根学派失去了许多跟随者。一般而言，它为现代神学预备了道路。尽管如此，在霍夫斯泰德·德格罗特（Hofstede de Groot，卒于 1886 年）的领导下，许多人也成功持守了独立的神学立场。他们以《福音》（*Hud Evangelie*）的名义，于 1867 年组建一个独立的协会为要影响教会的选举。他们与现代派和正统派不同，被称为福音派（Evangelicals）。在各个大学中，莱顿的教会学教授

（revelation was Jesus Christ）。见 James Hutton Mackay, *Religious Thought in Holland during the Nineteenth Century* (London: Hodder & Stoughton, 1911), 59-60; James Eglinton, *Trinity and Organism: Towards a New Reading of Herman Bavinck's Organic Motif* (London: T&T Clark, 2012), 8-9.

候慈（Gooszen，撰写过一本论《海德堡要理问答》的重要著作）和奥夫豪斯（Offerhaus），乌得勒支的肯尼吉特（Cannegieter）教授，格罗宁根的赖司马（Reitsma）教授，都是该学派成员。他们团体的宣传工具就是自 1867 年以来每月出版的期刊《信仰与自由》（Geloof en Vrijheid）。从现代派的角度来看，他们继续秉承超自然主义的特征。

三. 现代神学

这种神学学派比前两种更难描述。在神学领域，它呈现出多样性，各自有很多迥异的特征。有四位神学家在造就此神学学派上极具影响。莱顿教授斯霍尔滕（Scholten，卒于 1885 年）是该神学学派第一时期的教理学家，并在 1864 年后成为该学派新约批判之观点的代言人。他的同事古宁（Kuenen，卒于 1891 年）用旧约和以色列宗教的历史批判学有力推动此神学学派发展。乌得勒支的教授奥普佐默（Opzoomer）给它印上了显著的反超自然主义的记号。最后，阿姆斯特丹浸信会教授霍克斯特拉（Hoekstra）赋予了其道德倾向。当斯霍尔滕在乌得勒支还是学生时，已不满于当时占据至高地位的超自然主义。他特别反对其中两个特征：不稳定的教理基础和缺乏哲学深度。他很快开始寻求与教会更紧密的教义，并以教会名义反对超自然主义和格罗宁根神学。史怀哲的《福音派改革宗教会的教义》更坚定了他的反对立场。[9] 1848 年，斯霍尔滕出版了《改革宗教会教义》的第一卷。1850 年，第二卷也面世了。[10] 在第一阶段（1864 年前），斯霍尔滕十分保守。他保留了神的独特属性，基督形而上的儿子身份、祂的无罪、复活和升天以及新约圣经大部分著作的真实性。[11] 他反对奥普佐默，甚至视其为异教徒和基督教的敌人。然而，像范奥斯特泽（Van Oosterzee）和索萨耶那些能透过现象看本质的人，在批判斯霍尔滕的作品时，成功预见这种保守主义只是暂时的。斯霍尔滕所遵循的原则必然会促使他绝对否定此

---

[9] Alexander Schweizer, *Die Glaubenslehre der evangelisch-reformierten Kirche dargestellt und aus den Quellen belegt*, 2 vols. (Zürich: Orell, Füssli, und Comp., 1844–1847).

[10] J. H. Scholten, *Leer der Hervormde Kerk, in hare grondbeginselen, uit de bronnen voorgesteld en beoordeeld*, 2 vols. (Leiden: Engels, 1848-1850).

[11] J. H. Scholten, *Historisch-kritische inleiding tot de schriften des Nieuwen Testaments.*, 2d edit. (Leiden, 1855-1856).

保守主义。就教理学的形式部分而言，这一原则在于圣经和神话语之间的分离。历史现象不足以确定圣经的真理；莱辛（Lessing）和卢梭（Rousseau）很久前就已证明了这一点。圣灵的见证（*Testimonium Spiritus Sancti*）并不能证明圣经的任何历史性内容。基于上述原因，圣经和神的话语必须区分。净化的理性只见证了神的话语，即圣经中宗教和道德的内容。斯霍尔滕就是以这种方式切断了事实（facts）与观念（ideas）、基督教与历史之间的纽带。在教理学实质内容方面，斯霍尔滕的行文以灵性一元论（spiritualistic monism）为基础。这是他取自德国哲学的一个原则，并将其等同于改革宗神学所体现的神之绝对主权的观念。改革宗教义在这一原则的批判下几乎面目全非。斯霍尔滕的体系有以下几个积极的思想：神是内蕴的（immanent），并在所有被造物中启示祂自己；启示、创造和护理所覆盖的范围相同：不存在超凡、特殊的启示；神在祂的一切所做之工中启示祂自己——在自然界中，在历史中，特别是在耶稣这个人身上，祂在生命与死亡中向我们彰显了真宗教。因此，神以这种客观表现为人所知，一切事物都宣扬祂的能力、良善和慈爱。然而，人天生就有欲望，比如自私和罪恶。因此，必须有主观的启示（ἀποκάλυψις）发生在他里面，他才能理解此种神的客观彰显（φανέρωσις）。借着启发（enlightening）他的智性、净化他的心灵，这启示发生在他宗教道德本性的发展中。因此在宗教和道德上持续发展的人，能在神的一切工作中看见、认识祂，相信祂的爱，并意识到自己是祂的孩子。神在自然和历史、生命和命运、尤其在耶稣身上的这种彰显是如此清晰，并对人的道德本性产生如此强大的影响，以致人不能一直抵制它。

然而，这些哲学思想在一开始就没有得到足够清晰的阐述。它们被包裹在旧的正统形式中，并为此掺杂了过多的保守元素。斯霍尔滕本人坦诚地确信，他发现了信心和知识、神学和哲学、心灵和智性的和解之道。他还将这一信念传给其他人。不久之后，许多教会的讲台就热情洋溢地宣扬这种新福音。他的讲座也座无虚席。他的《改革宗教会教义》在短时间内出现了三个新的版本和增订版。他的追随者认为，信仰以及改革宗教会教义的合理性都已经确立了；这种幻想可谓普遍存在。然而，这种幻想很快就破灭了。斯霍尔滕本人于1864年开始反对此幻想。他在1864出版的关于《约翰福音》之著作的序言中公开宣称，虽然他从前相信，当详细阐述圣经时，他就可以在里面找到自己的世界观，但是他如今不再持这一信念了。

约翰的体系却不是他的体系。他现在开始承认自己的思想并不符合圣经的思想，两者之间有深深的鸿沟。从此以后，他与图宾根学派（Tubingen School）亲密结盟，致力于新约历史批判研究。

斯霍尔滕阵线的变更无疑是他不断贯彻自己原则的结果。同时，这也是古宁和奥普佐默对他影响的结果。古宁借着对旧约的批判得出结论：以色列的宗教可以完全不用诉诸任何超自然因素就可得到充分解释。[12] 奥普佐默只追随了克劳斯（Krause）一段时间，后来在孔德（Comte）和弥勒（Mill）哲学的影响下，热衷于严格的经验主义，不给神迹留任何余地。其结果很快显露。斯霍尔滕的幻想既已消除，对他的信心和热情也就折戟沉沙了。如皮尔森（Pierson）和布斯肯·休特（Busken Huet）一般，一些牧师递交辞呈，离开教会。其他人则对斯霍尔滕的一元论心怀不满。那颗信靠智性主义的心无法得到满足。人的道德本性不能安居在斯霍尔滕的决定论里。整个现代神学家的团体挣脱了斯霍尔滕体系的束缚，寻求跟霍克斯特拉更密切的结盟。后者并非师从黑格尔学派，而是康德学派。根据他的观点，宗教信仰的基础不在理性中，而在心灵里，在人的道德本质里。他反对斯霍尔滕，为自由意志辩护。这种新的道德思想学派如今在现代者中已崭露头角。这一学派如此论述：尽管我们能通过理性的方法触及神这位绝对者，然而这位绝对者可能不是我们心之所需。创造物并不宣扬一位爱的神。我们不能在自身以外，而是要在自己里面发现所需的神。宗教就是献身于道德理想、善的力量、良心所说的"你要"。宗教不是科学，不是一种世界观，而是一种特定的生活观念。纯粹的道德和圣洁就是宗教的内容。这一思想学派的一些追随者在拥簇这些观点中走得如此极端，以至于认为现代神学的某种"无神论的痕迹"都是正当的。

---

[12] 编注：Abraham Kuenen, *Historisch-Kritisch Onderzoek naar het onstaan en de verzameling van de Boeken des Ouden Verbonds*, 3 vols. (Leiden: Akademische Boekhandel van P. Engels, 1861-1865; 2nd edition, 1885-1893). 这三卷本是古宁第一部重要学术著作，影响极广。该书第一版被译作德文和英文。英文译文只选翻译了三卷本的内容。Abraham Kuenen, *Historisch-Kritische Einleitung in die Bücher des alten Testaments hinsichtlich ihrer Entstehung und Sammlung*, 3 vols., trans. C. Th. Müller and Th. Weber (Leipzig: O. R. Reisland, 1885-1894); Abraham Kuenen, *An Historical-Critical Inquiry into the Origin and Composition of the Hexateuch (Pentateuch and Book of Joshua)*, trans. P. H. Wiksteed (London: Macmillan, 1886).

从 1868 年到 1878 年的十多年间，现代神学的智性派和伦理派之间存在激烈的冲突。然而，任何一方都不能夸口说自己取得了胜利，彼此之间也未达成和解，反而事态变得更加混乱。双方都采纳了对方的一些内容，因此各种团体和论调也频繁增加。这些差异主要涉及宗教的起源、本质、启示和价值，涉及宗教与道德的关系，以及宗教与科学的关系。饶文霍夫（Rauwenhoff）教授的《宗教哲学》（*Wijsbegeerte van den Godsdienst*）也没有为双方带来合一（该著作第一部分 1887 年在莱顿出版，但因饶文霍夫于 1889 年去世，未能全部完成）。尽管人们对该著作很有兴趣且极为欣赏，但它在现代神学第二个时期的重要性远比不上斯霍尔滕作品在前一时期所达到的那种高度。它受到了严厉的批评。饶文霍夫认为宗教**起源**于崇敬和敬畏的道德情感；在某些机缘下，这种道德情感在原始人身上被唤醒，并在被转移至某些自然能力后，这些力量披上了神性属性的外袍并纳入自己的观点中。根据饶文霍夫的观点，宗教的**本质**（essence）在于对世界道德秩序的信念，就是科学无法质问的信念。然而，这种本质自我揭示所需的**形式**（form）是对超感官、位格性力量的信念，而这种形式是诗意想象的产物。少有人赞同这些观点，它们也无法促成合一，这也不足为怪。现代神学展现强大的摧毁力和脆弱的重建能力。

回顾目前所描述的三种神学学派，我们对这种教理思想发展的悲惨一面感到震惊。这个发展是一个缓慢的瓦解过程，这也符合我们的看法。它首先把认信搁置一边，为要单单聆听圣经。之后，圣经也被弃置了，转而诉诸基督的位格。然而，之于基督的位格，首先是祂的神性，后是祂的先存，最后是祂的无罪相继被放弃，结果他变成只是个虔诚之人，一个向我们揭示神之爱的宗教天才。但即使是神的存在和爱也无力抵御批判。因此，人里面的道德因素成了与唯物主义斗争的最后根基。然而，这个根基似乎与其他根基一样，摇摇欲坠，并不可靠。

四. 乌得勒支学派

无论被这些学派吸引之人的数量有多大，我们国家的核心却并没有偏离，而是持守圣经和认信。复兴运动在上层阶级中带来了信仰的复兴。在荷兰共和国复辟之后，个人私交和私人著作将复兴运动从瑞士传到了我国。然而，复兴运动人士远非同有一灵的儿女。起初，这还未显端倪。但是，在信条、神学、教会、国家、大学等方面的分歧逐渐浮出水面。这些从伊始就存有的差异随后在科学领域里产生了独特的神学学派。

自 1845 年始，由多德斯（J. J. Doedes）博士和范奥斯特泽（J. J. Van Oosterzee）博士以及其他人士一起编辑的《科学性神学年鉴》（*Jaarboeken voor Wetenschappelijke Theologie*）的出版，标志着这一学派的追随者首次在科学性神学领域发声。范奥斯特泽博士以《论当今护教学现状及我们时代发展此科学之愿望》（*Essay on the Present State of Apologetics, and the Desirability of Developing this Science in our Days*）为首篇文章。他不是通过智性推理过程，也不是借着历史证据，而是在感觉、基督教的经验中探寻基督教真理的终极基础。他被 1846 年就接任乌特勒支哲学系主任的奥普佐默（Opzoomer）严厉批评。不久之后，范奥斯特泽在同一期刊宣称他以前被施莱尔马赫学派引入了歧途，误入了主观主义的谬误；但他现在意识到事实才是基督教真理最重要和客观的证据。这一回撤使他走上了他同事多德斯已追寻了一段时间的路径。范奥斯特泽和多德斯最初是鹿特丹教会的牧师同工，之后再次共同在乌得勒支任教授。前者于 1863 年被任命为神学系主任，后者于 1859 年担任这一职位。这两人都有独特的才干和天赋，但他们就信心（faith）[13] 和知识（knowledge）之间的关联性存在重要的神学分歧。多德斯认为，严格来说，知识不可能【在真正意义上】[14] 言及神和神圣事物。因此，他明显区分了信心和知识。[15] 范奥斯特泽则认为，生于信心的神学毋庸置疑是一门科学，一门特定的科学，一门信仰科学，但仍然是一门与其他高等教育分支一样严格界定的科学。[16] 然而，两位教授就其他问题达成的共识消除了乌得勒支学派的门生在这方面的差异。这项共识的范围相当广泛。在教理形式上，双方都更新了旧有超自然主义，认为信仰的最终依据在于历史证据。他们承认，这些历史证据固然容易令人信服，但在引人归信上，最终还是有赖于人自己的心态和道德上的接受能力。这些信心所依据的证据不是严格意义上的证据，只是信仰的基础，它必须

---

[13] 编注：荷兰文中采用 gelooven，为信心（geloof）的复数形式。显然，此处所论的并非特指基督教的信心，而是一般意义上对真理与事实认知性的相信。

[14] 编注：荷兰文版本中此处另有 in den eigenlijken zin 的短语。

[15] 编注：英文本中虽用 believing 和 knowing，但是荷兰文版本依旧用 gelooven 和 weten，所以此处与上文保持一致，译作名词。

[16] 编注：荷兰文中此处采用了单数 het geloof（这个信心），可理解为特指基督教的信心。

借着主观确信得以补充和加强。信仰的基础仍然存在于知识领域。未经事先研究，人不会接受任何内容。有一次多德斯甚至断言，当圣经说"愚顽人心里说：没有神"之时，我们首先需要问一下这个愚顽人有没有错。范奥斯特泽和多德斯都不是**在**信心之**内**选择他们的神学立场，而是在信心之**先**和信心之**外**。他们的神学工作始于格罗宁根学派和现代派以极强的自信与正统进行争斗之时。因此，面对这些学派，他们觉得有责任证明自己信心的正当性。故此，范奥斯特泽在建构教理学理论之前，已构建了广泛的护教基础。护教学和辩论术（polemics）是乌得勒支学派教授们最钟意使用的武器了。或许，的确是由于超自然主义，他们没有充分主张神学的独立性，并且将神学置于奴性依赖知识的地位。但我们不应忘记，在他们的时代，这可能是唯一经得起推敲的立场。诚然，他们没有赢得格罗宁根学派和现代学派的追随者。但在他们自己的圈子里，他们坚固了众多软弱且动摇者的信心，并为那些后来之人预备了道路。[17]

他们的教理学内容紧密依赖于这一护教立场。相较于他们与对手之间的深深鸿沟，信徒之间的差异似乎就微不足道了。他们尚未觉察这些分歧的重要性。他们并未培养认信意识。如果借着放弃基督教的外在工作，他们能以挽救重要层面，那么他们就会心满意足。他们并不强调任何特定的改革宗教义，但勇敢地宣告和捍卫基督教的主要真理。范奥斯特泽的座右铭是：基督教是名字，改革宗是昵称（*Christianus nomen, Reformatus cognomen*）。他的教理学没有越过复兴运动（*Réveil*）的神学和宗教改革不可更改的真理。多德斯回溯得更远。他在《论幸福》（*Leer der Zaligheid*）中呈现了一种简易圣经神学。作为温和正统主义的捍卫者，他们无法加入之后更严谨的改革宗神学运动中。他们极其厌恶这种彻底的认信主义。例如，范奥斯特泽即使在人生的最后阶段，他仍在 1880 年的专著《灵之默示》（*Theopneusty*）中高声抵挡它。多德斯在 1880 年关于《比利时信条》和 1881 年关于《海德堡教理问答》的作品中，也强烈抵制它。在这两个作品中，他尖锐却又些许肤浅地批判了这两个信条。

然而，尽管正统信仰发展比他们迅猛，并将他们置之身后，但他们在荷兰教会和神学中曾有的重要地位当之无愧。在正统信仰被视为陈旧且如

---

[17] 编注：荷兰文中此段结尾的从句为：waarop de volgende theol. richtingen optreden konden。译作：为之后神学运动的出现做了预备。从这个角度来看，巴文克认为现代荷兰的神学学派之间有连续性，而非简单地对立或彼此推翻。

敝屣应弃之时，他们却不以承认基督为耻，并为祂的缘故遭受许多羞辱和蔑视。他们训练了一代在教会中勇敢无惧地宣扬圣经和认信的伟大真理的传道人。直至今日，改革宗教会中多数笃信的牧师都是他们的门徒和属灵的儿女。在各大学里，乌特勒支的克拉默（Cramer）和拉默斯（Lamers）教授[他们联合出版了《神学和哲学领域的贡献》（*Bijdragen op het Gebied van Godgeleerdheid en Wijsbegeerte*）]、阿姆斯特丹的范托维尔赫（Van Toorenenbergen）教授和乌得勒支的教会学教授范吕文（Van Leeuwen）及格罗宁根的克鲁伊夫（Kruijf）代表了他们的观点，当然他们各自或多或少有些修正。

五. 伦理神学

尽管乌得勒支学派颇具影响力，但并非所有人都赞同它的观点。索萨耶（D. Chantepie de la Saussaye）代表一种新神学学派的出现。他生于1818年，1842年在吕伐登（Leeuwaarden）、1848年在莱顿、1862年在鹿特丹先后担任牧师，1872至1874年在格罗宁根任教授。索萨耶和蔼可亲，是位深刻的思想家、有能力的讲员。他对现有学派都不满意。复兴运动在神学上并不充分，格罗宁根学派缺乏哲学，正统神学学派缺乏科学精神，现代神学弥漫着不信。他寻找那迥异且更佳的，最终在尼采，特维斯腾（Twesten）、穆勒（Muller）、多纳（Dorner）、罗瑟（Rothe）等人所代表的德国调解神学（Vermittelungstheologie）里觅得。如这些神学家一样，他希望能兼得信仰和科学。正统的教理学无法以惯常方式期待人们以毋庸置疑的信心接受。它先验地假定了圣经的权威，进而规避了自由研究。它将教义置于信心之前，将信心转化为智性行动，因此遭受致命的智性主义（intellectualism）之苦。此外，这一立场长期以来被康德哲学和圣经历史批判学所责难。为寻得宗教和道德领域的真理，我们必须另辟蹊径。这正是伦理的途径。这意味着人认知和理解真理并非靠着理性和智力，乃是借着他的灵魂，他的内心，他的良心，他作为一个真正的人和道德存有的能力。圣经的语言也表达同样道理：人若不是从水和圣灵生的，就不能见神的国（约三3）；凡遵行神旨意的人，明白耶稣的教导的人，就是属神的人（约七17）。这等人不是因任何圣经、教会、历史证据的外在权威而相信，而完全是基于他自己对真理所持见证的经历。他并非借纯粹的智性处理而赞同众多的正统命题。他认为这并非真正的信心。信心并非智力的行动，而是心灵之事；信心就是生命。信心是在我们里面的圣灵的生命，是我们所有道德愿望的满足，是真实、完美、自然、真正的人类生命。这种信心的内容不是一些理论教理、系统或认信。真理并非智性的；它本质上完全是伦理的，是位格性的（personal），等同于永活的基督。他们是真正的信徒，在心里与这位永活、位格性的基督相交；在祂里面，他们得享真理，纵使他们对基督的认信仍如此错谬。但这种内住于心的信心生活，并不会被禁锢于内心深处。它控制全人，在人的行动中显明，在智力层面有意识。因此，神学的责任是借由思想进入并明确表述这一生命。因此，教义的制定是为了紧随生命。教理学建基于伦理学之上。教理是对信心生活的一种描述，它并非绝对可靠。因此，它们应不断接受新的质疑。它们被不留情面地投入坩埚提炼，从矿石中去除其中杂质。这丝毫没有危险。形式或许改变，但本质仍存。信心的生活并不依赖于任何教理公式，或任何历史批判的结果。它在于本身，且为自己创造弥新的形式。在这种批判的过程中，教会一无可失，却可得万有。

依索萨耶所言，当前时代正是需要重建所有教理的时代。移交给神学的重要职责是剥离它们的学院形式，在伦理上加以更新，以及在基督论上进行重塑。默示、三位一体、创造、基督满足神公义这些教理都应接受这种重塑。索萨耶自己就朝这个方向努力。我们很容易想到这给单独教理所带来的后果。例如，拣选不再是神永恒的旨意，而成为神自己与人类个人性沟通的行为。基督满足神公义的要求不再包括神律法的实现和承受神的震怒，它乃是神人联合，由基督在祂道成肉身开始，借着祂的死得以维持并成全。这一切鲜有原创，其实德国调解神学先前已详细阐述诸类思想。

然而，索萨耶对荷兰神学史的影响也不容小觑。对许多人而言，他有力而富有吸引力的讲道是个丰满的祝福。他全力反对智性主义和经验主义，清楚地阐明了罪的黑暗影响力，并着重论述了重生对于认识真理的必要性。在此方面，他兼具乌得勒支神学的优势，认为在宽泛却不牢固的护教学基础上，自己没必要论证信心的主张，并直接诉诸人内在的良心以反驳现代派。尽管如此，自发跟随他的人却不多。他在大学工作的时间太短暂，难以形成一个学派。从前在海牙担任牧师的冈宁（J. H. Gunning）博士，后来在阿姆斯特丹任教会学教授，如今在莱顿任教授。才华横溢的岗宁成为了索萨耶教授的助手，忠实地吸纳了他的观念，但同时也将它们与某些神智学和天启性观点结合起来。在众多大学老师中，索萨耶在阿姆斯特丹的儿子向特·索萨耶（T. D. Chantepie de la Saussaye）[1887-1889 年《宗教历史课本》（*Lehrbuch der Religionsgeschichte*）的作者]、乌得勒支的万顿（Valeton），以及格罗宁根的范迪克（Van Dijk），魏德伯（Wildeboer）和范瑞恩（Van Rhijn）都代表了索萨耶的神学倾向。如多波顿（Daubanton）博士等诸多牧师共同主编了一本期刊《神学研究》（*Theologische Studiën*），拥护伦理神学的原则。

六. 改革宗神学学派

虽然护教学和伦理神学都有可贵之处，但它们有两个缺陷。首先，它们的原则缺乏内在一致性，以至未能恒久抵御现代不信观念的攻击。其次，由于上述事实，它们无法赢得信徒中改革宗一方的支持。不难预见，一旦出现所有缔结合一的努力可能付诸东流的苗头，紧随和解与调解时期之后的便是一段分离与分裂的时期。大多数信徒纵然多次经历轻蔑与压迫，却依然忠于改革宗真理。在本世纪伊始，只有少数牧师认同改革宗精神；虔诚人被迫参加非法秘密聚会，在诉说教会荒凉之时，却只能仰赖旧时圣徒的著作得以喂养。当时处境确实悲伤至极。整个教会都弥漫着沉睡的灵；冷酷的超自然主义独霸各处。此外，在 1816 年，国王没有任何权利或必要把一个完全有别于长老会制度的组织架构和管理体制强加于荷兰改革宗教会（Nederlandse Hervormde Kerk）。人们对此不满的投诉和抗议并不鲜见，但直到 1834 年人们才鼓起勇气采取行动。鉴于官方禁止依据神话语和教会的认信说话行事，许多信徒就遵循《比利时信条》第二十九条与荷兰改革宗教会分开，如同与假教会分开一样，从而诞生了如今的基督教归正教会（Christelijke Gereformeerde Kerk）。虽然这次分裂开始时极具影响力，并且随后逐渐扩大，但加入它的人数仍然很少；大部分人仍留在了旧教会暗淡的现状中。

然而，复兴运动中的一些人士寻求与民间的改革宗人士更密切的接触。第一位就是伟大诗人比尔德戴克（Bilderdijk，卒于 1831 年）。他对改革宗学派有重大意义，主要表现在两个方面。首先，他在散文和诗歌中不懈地倡导和坚持对神绝对主权的认信，在一切自然神论、理性主义和伯拉纠主义面前捍卫了它。其次，他在莱顿逗留期间召集了一群门生，与他们讨论了主要涉及荷兰历史的各种重要议题。与他共同抗议时代精神的门生中，最重要的是贺儒·范普林斯特勒（G. Groen Van Prinsterer，1801-1876 年）。由于对柏拉图和荷兰历史的研究，以及随后与复兴运动人士的交往，范普林斯特勒不仅肯定一般意义的基督教，而且，也认同一些特定的基督教历史信念。根据他自己的见证，他于 1831 年完成了基督教历史或抗革命（Anti-revolutionary）的训练，并制定了他的原则纲要。

从一开始，范普林斯特勒就在复兴运动人士中占据独特位置。他将自己与国家和人民的历史联系在一起，强调本国的基督特征和改革宗认信的权利。1842 年，他与其余六位来自海牙的绅士一同向荷兰改革宗教会总会致辞，反对格罗宁根学派，要求其坚守改革宗认信的权利。那年可称为荷兰改革宗教会中认信派的诞生之年，它促使了各种有真信仰的基督徒群体间的分离。然而，这种撕裂注定会进一步延伸。范普林斯特勒在教会内倡导改革宗认信的权利，为此他于 1840 年发表了重要著作。不仅如此，他还在政治领域宣扬福音。他于 1847 年出版了权威性著作《不信与革命》（*Ongeloof en Revolutie*）。他于 1849 年当选国会下议院议员。因此，这一年可称为抗革命党（Anti-revolutionary party）的诞生之年。在范普林斯特勒领导下，改革宗团体此后也成了一个政治党派。这样，基督徒之间的分离不仅体现在教会中，同样也表现在政治上。

然而，众人仍在一点上能和谐相处，使他们的合作有了可能；这个达成一致的观点就是在普通学校中施行基督徒教育。这一要求就构成了抗革命党中的主导条款。范普林斯特勒尽力在这个问题上与他人保持合作。他并没有要求以宣告的方式遵守改革宗原则，而是要靠宗教改革中不可更改的真理站立得稳。在这个共识基础上，他努力团结认信派、伦理派、路德宗、浸信会和异议者等群体。然而，由索萨耶的朋友和支持者范德布鲁根（Van der Brugghen）领导的内阁，于 1857 年引入了所谓严格中立、剥离所有宗教特性的学校。这是一次针对基督教历史派的直接打击，因信徒同伴而造成的伤害愈加痛苦。从那时起，范普林斯特勒在他的政治纲领中做了重大改变。在此之前，他一直为荷兰及其民事机构的基督教性质而辩护。他于 1862 年重回下议院，宣布默认中立原则，这是政府自愿采用的原则。他现在要求自由学校教育作为一个条例，并且除了一些例外，公立学校也要中立。他在纲领中体现了教会与国家的分离，坚持废除国立大学的神学系。这种阵线的改变成为撕裂的新缘由；各种信徒群体在教会、国家和学校方面的原则差异变得越来越明显。在这一新运动中，甚至荷兰改革宗教会内许多改革宗人士都没有热诚地支持范普林斯特勒。因此，范普林斯特勒还在世时，原则上的分裂已是既成事实。

****

【此段内容只出现于荷兰文版，由编者译】

当他于 1876 年去世后，这种分裂更加扩张。[18] 吸引了范普林斯特勒继任者的严格的加尔文主义、自由大学的建立、哀恸者（doleerende）教会与荷兰改革宗教会总会的分离、以及抗革命党近期想要参与的民主运动，都疏远了众多改革宗人士，与他们的认信格格不入。另一方面比较有利的是，分离教会和哀恸者教会彼此联合，形成了一股不容小觑的力量去支持并传播改革宗原则。[19] 就此而言，这些教会拥有美好且珍贵的呼召。

将近一个世纪以来，改革宗神学没有被科学性地实行。骤然之间，它碰到了各种前所未见或以更简单方式存在的大难题。在本世纪，我们定要仔细思考这些难题，然后应用于各方正在处理的各样问题中。在我们国家已经出现的其他神学学派已经证明，它们无力扭转不信、持守信心。它们随波逐流，缺乏抵御改革和演变所需的能力。愿归正教会具有此种能力来形成一种神学，借此不仅保全过去的财富，也能认识到当下的责任，从而在信心和知识之间建立恰当的关系。

****

---

[18] 编注：荷兰文版将范普林斯特勒的去世年日错记为 1875 年，现在中文译文中予以改正。

[19] 编注：第一代荷兰新加尔文主义学者并未完全界定"改革宗原则"的定义。但是在 1895 年，凯波尔与他的同事向议会呈交报告时提出，改革宗原则不是加尔文或他追随者所提出的某种思想。改革宗原则来自于神而不是人，并激励人活出隐藏于加尔文主义之中的更高形态的生活。改革宗原则是一种深刻的洞见，觉察源于神的生活动机，以及这些动机有机合理的连贯性。Arie Theodorus van Deursen, *The Distinctive Character of the Free University in Amsterdam, 1880-2005*, trans. Herbert Donald Morton (Grand Rapids: Eerdmans, 2005), 55.

于 1876 年去世前，范普林斯特勒指定凯波尔博士为他的继任者和政党领袖。凯波尔博士 1837 年生于马斯劳斯（Maassluis），父亲是一位改革宗牧师。他在莱顿跟随斯霍尔滕学习神学，并于 1862 年获神学博士学位，著有关于加尔文和拉斯克（A Lasco）教会观的博士论文。他在撰写这篇论文时所做的历史研究，在海尔德兰省（Gelderland）贝斯德（Beesd）镇第一次牧会时与虔诚的改革宗人士的交往，都在主的引导下，并带领他相信接受圣经是神的话语，也笃信加尔文主义教义的真理。他以出众的天赋和多面的才能，不但成为干练的抗革命党政治领袖，而且也成了改革宗原则有力的支持者。他很快意识到护教学倾向中不尽人意的特性和伦理神学中的危险特征。二者都在浪费精力维护己方立场，并在不断与对方争斗，因此尚未说服敌人之前就已削弱了自己。

基督教的真理并不能由护教学和调解手段来证实。因此，凯波尔博士仅有一次直接攻击现代主义。他于 1871 年一次演讲中将现代主义解释为海市蜃楼。借此，他彻底终结了这个争端，并确信现代主义已自己消亡，无需他再反驳。凯波尔博士避免所有护教学，而是采用命题的方式论述。他不是在信仰之外，而是在信仰之内选择自己的立场，而且明确表明自己驻立于可靠的圣经和改革宗认信的基础上。他的武器不是针对外部不信的敌人，而是针对内部持异端信仰的朋友。他不断在他的周刊《先驱报》（*De Heraut*）中曝光主流正统观念原则的弱点，它如何偏离改革宗认信，以及它的破坏性。这带来的结果就是，范奥斯特泽、多德斯和索萨耶的追随者越来越疏远凯波尔博士。

因此在接受改革宗教义的同时，他也给改革宗中最严格一派带来了复兴。对他而言，以加尔文、沃修斯（Voetius）、科姆里（Comrie）这些名字所标志的神学路线代表了改革宗最正确的发展方向。因为这一神学路线是改革宗教义的特征，即凡事源于神，又归于神。因此，凯波尔博士在每一条教理上都要追溯至最深层的根源，查明它与神谕旨的内在联系；只有这样，他才肯罢休。他永远不会只停留在表面，而是深入到原则的深处，寻求透过这些现象（phenomena）看到物自身（noumena）的领域。因此，若说凯波尔博士的工作仅限于对旧改革宗模式的重新复原和盲从模仿，这种评价并不公允。他没有创造新的神学，而是独立地、有时无拘束地再现旧神学。对他而言，各种改革宗教义并不是松散联系的教义要点（*loci communes*），而是彼此紧密相关。这些教义构成了一个思想的世界，一个严格而有条理的体系。借着坚定、清晰的思路，他从最好的改革宗神学家的著作中重现此体系。他努力引进此体系，并推荐给我们这个时代的儿女，因他们随一切异教之风飘忽不定。

凯波尔博士洞见的深度也伴随着他非凡的异象宽度。他不但深谙其原则的深度，也同样知晓它们所有重要结果，并能把它们应用在生活各个领域以及每个实际问题中。在政治方面，借新任内政部长萨福睿·楼曼（A. F. de Savornin Lohman）先生的帮助，他成功地让保守党在视线中消失，给自由党造成了不可挽回的打击，补充和扩展了范普林斯特勒的纲领，并将抗革命的原则贯彻到初级、中级和高等教育系统以及教会与国家之间的关系中，也应用到殖民地、社会和诸多引起我们时代和国家关注的问题中。在教会领域，他从一开始就努力把改革宗众教会从 1816 年强加给他们的非法治理架构中解放出来，并为未来宣讲圣言的牧师提供真正的改革宗训练。在此方面，他得到了一位精通荷兰教会历史和改革宗教会治理的学者罗格斯（F. L. Rutgers）教授的鼎力相助。然而，他朝这个方向所做的工作最终扩大了与自己的追随者之间的裂痕。1880 年自由大学的成立和 1886 年哀恸者（Doleantie）的组建，不仅证实而且加剧了范普林斯特勒生前就存在于信徒之间的不和谐。自那以后，荷兰改革宗教会内根据原则谴责每次分裂的改革宗人士，此时却不愿接受他来领导教会事务。人们担心，这种分裂将破坏政治生活中的合作，同样也会破坏底层教育系统中的合作。

另外，凯波尔博士有种非凡的雄辩能力。由于风格清晰、活泼、精湛，并由于其无穷无尽的例证资源，他总能吸引人们的注意。近二十年来，他借着自己的政治机构日报《旌旗报》（De Standaard）和他的教会周刊《先驱报》（De Heraut），一直不停地以同一种精神塑造人民。他是位辩论高手，能用精彩的技巧把对手逼入窘境。所有这些都充分说明他的影响力将超过当今任何一位荷兰人。他有更多粗暴的敌人，也比任何其他领袖有更热情的仰慕者。自他开始工作以来，信徒之间的破口扩大之痛苦是确凿的，但他并没有因此灰心丧志。他确信不信理论乃为虚幻；他依靠圣经之真理，仗赖荷兰人心中改革宗原则之活力。尤其是最后提到的活力，他的力量源于此。所有其他学派都有其显赫之日，也会成为过去。然而，虽面对一切蔑视与压迫，荷兰民族的核心仍然忠于加尔文主义。因此，加尔文主义必有一种能力，是其他原则和体系所缺乏的。在短期内制衡或压制政治和教会生活中的加尔文主义的影响是可能的，尽管如此，加尔文主义的原则仍将再次从人民生命的深处涌现。尽管凯波尔博士经常失望，但他仍相信加尔文主义原则在未来会成功，因为它们深深根植于过去，并与我们国家存在的最内在性格特质交织在一起。目前，他所有的工作都是为了促成合一，促成联合的教会，让三群改革宗信徒——1834 年分离派信徒，1886 年的哀恸者信徒，以及仍然留在荷兰改革宗教会的信徒——聚在一起。要预测这些努力之结果是不可能的。但毋庸置疑，荷兰的改革宗教会和改革宗神学的未来在很大程度上取决于这次重新合一成功与否。[20]

---

[20] 英译注：自本文撰写以来，上述前两群信徒的合一在原则上已由各自总会会议解决，但正式合并尚未完成。

第三章 加尔文主义的未来

赫尔曼·巴文克

****

【引言】[1]

对荷兰改革宗教会而言，1892 年是十分重要的一年。经过长久的谈判，两群有影响力的教会——分别于 1834 年和 1886 年从国立教会分裂出去的两个教会——终于在 6 月走到了一起，并在同年举行了"荷兰地区归正教会总会第一次全体会议"（First General Synod of the Reformed Churches in the Netherlands）。基于各种原因，这个事件引起了极大关注。这是从未被预见或预料到的。无疑，这两群教会在认信和治理方式上是一致的，并都确信一个改革宗基督徒有责任根据圣经和自己的信仰告白与国立教会决裂。然而，关于"改革的方法"，比如达成这一决裂的应有方式，他们显然各执己见。方法的差异促使双方对国立教会的教产和民政部门持不同的态度。1834 年分裂出去的基督教归正教会（英：Christian Reformed Church；荷：Christelijke Gereformeerde Kerk），已经逐渐视自己为一个全新的教会，并切断了与国立教会的会友及治会机构的所有联系。因此，她没有在民事法

---

* 编注：本文译自英文稿：Herman Bavinck, "The Future of Calvinism," trans. Geerhardus Vos, *The Presbyterian and Reformed Review* 5, no. 17 (1894): 1-24. 该文的荷兰文版两年后发表：Herman Bavinck, "Het Calvinisme in Nederland en Zijne Toekomst," *Tijdschrift voor Gereformeerde Theologie* 3 (1896): 129-163. 虽然荷兰文版在英文版两年后出版，但巴文克最初是用荷兰文撰写，后由霍志恒译成英文。

[1] 编注：引言部分只出现于该篇文章的英文版。1896 年发表的荷兰文版并无此内容。

庭上提出拿回或恢复国立教会教产的诉求，并以自己为全新、不同的组织呈现于民政部门面前。另一方面，1886 年分裂出去的"荷兰归正教会"（英：Netherland Reformed Churches；荷：Nederduitsche Gereformeerde Kerken）却反对这种分离的看法。尽管他们赞成改革的观点，但仍看自己为原先最初的教会，只是拒绝顺服于 1816 年由民事权力机构强加的且非法的总会性管辖。他们认为自己已经回归 1619 年多特会议批准的旧有治理方式，并且按照法律来说，这种方式自那时起从未被抛弃。他们反对自己被视为与国立教会并行的新组织，他们声称自己与国立教会是同样的教会。这些教会在 16 世纪已进行了宗教改革；如今为了同等合法地位，即便没有更有效的理由，他们拒绝总会机构的控制。根据这一立场，他们在民事法庭采取了行动，对所有教产提出所有权申诉。鉴于民政部门拒绝承认这一申诉，他们称自己为"哀恸者"（doleerende）——为民事权力机构对他们的不公正待遇而申诉。

这些差异虽然与认信没有任何直接关联，但仍十分重要。鉴于这些差异，双方本想借谈判弥 1886 年的分裂产生的教会肢体分离，但最后除了加深彼此误解和更加夸大对方立场之外，再无建树。不止一次，任何想要促成合一的努力看似都会失败。双方教会不但没有更加亲近，反而渐行渐远。然而，尽管有各种令人沮丧的表象，在吕伐登（Leeuwaarden）和海牙（The Hague）会议上，双方达成了一个合一的临时基础。与大众期望的不同，尽管有很多外部人士对此怀有盼望或公开反对，双方于 1892 年还是缔结了合一。这个事件在国内外都引起了关注。许多人关注此事是源于对加尔文主义日益扩大的影响力的暗自恐惧。我们也知道，有些人对此事关注是由对改革宗原则（Reformed principles）的热爱所激发，也有些人为此感谢神，因祂在决定性时刻，在祂的平安里保守了教会的心思意念，并使同一个家庭的弟兄姐妹重新彼此联络。

无人否认，借此合一，加尔文主义在荷兰再次站稳了脚跟，也变得十分重要。有些人低估了这种重要性，如同有人会轻易夸大它一般。加尔文主义竟在某种程度上恢复到之前的繁荣状态。这个异乎寻常的现象，让很多人产生疑问：加尔文主义是否真有未来。在近日，只有很少人会承认加尔文主义的重要性。按照绝大多数人的说法，它早已过了全盛时期，日渐式微，甚至已古调不弹。但是我们的思想有时会与神的旨意不同。加尔文主义在荷兰非比寻常的复兴至少可以证实一个合理的探求：加尔文主义在本世纪或随后的世纪是否会有更多、更丰富的发展，亦或它注定持有温和的地位并在将来的众教会中成就特殊的呼召；或者神透过复兴祂在荷兰的改革宗众教会，有意给荷兰国内外祂的子民一个祝福。加尔文主义在荷兰的复兴会成比例地更加显著，正像它过去在荷兰历史中那样——曾经在如此小的国家的宗教、教会和政治生活范畴中所占有的地位，那时它可以对众教会以及其他国家的神学有强大的影响力。为了能预估这种影响，上文提出的问题可能会考虑更广泛的层面，并涉及这次复兴的加尔文主义对改革宗众教会和整个改革宗神学是否具有某种意义，以及它是否有助于遏制不信和反基督教原则潮流。我们希望寻求这些问题的答案。为此目的，我们首要工作是描述加尔文主义的本质；第二，指出它在荷兰获得的历史性和国家性的重要意义；第三，评估它可能给其他国家带来的意义。

****

一. 加尔文主义的本质

加尔文主义是新教教会和信仰告白中特定的一种。这种类型通常被称为改革宗。然而，"改革宗"和"加尔文主义"虽然在意义上同源，但绝非等同，因为后者比前者范围更广、更综合。"改革宗"只表达宗教和教会层面的区别，是一种纯粹的神学概念。"加尔文主义"的应用更广泛，代表一种在政治、社会和民事领域的特定类型。它代表了生活和世界为一个整体的特色观念，这源自法国改教家的强大头脑。加尔文主义者是改革宗基督徒的一个名称，因为他们不仅在教会和神学方面，也在社会和政治生活、科学和艺术上都表现出一种特定的品质和独特的面貌。[2]

---

[2] 编注：在本文中，巴文克区分了加尔文主义和改革宗神学，这显然受到了亚伯拉罕·凯波尔神学的影响。在巴文克的早期著作中，并未对此有明显划分，例如在 Herman Bavinck, "De Wetenschappelijke Roeping Onzer Kerk," *De Vrije Kerk* 8, no. 2-3 (1882): 88-93, 97-106. 直到 19 世纪 90 年代，这种区分在巴文克的著作中越发明显。

加尔文主义的根源和原则[3]是宣信神的绝对主权。【所有对改革宗信仰的研究只要显明这一原则。】[4] 加尔文主义者思考和行动的出发点[5]，并不是神的某个特殊属性，例如祂的爱或公义，祂的圣洁或公正，而是神本身，也就是祂所有属性的合一，以及祂整个存有的完美。从这个根本原则，可以推导和解释改革宗各项具体内容。正是这一原则带来了属神之物和属被造者之物的明显区分，使人生发对圣经唯一权威、基督和祂工作之充足性的信靠，以及对恩典之工的全备的相信。因此，这也产生了在基督位格和两性中的神人差异，以及外在呼召与内在呼召、圣礼的表征与实体之间的区别。 从这个源头同样产生了被造物完全依靠神的教义，正如加尔文主义信条所表述的神的护理、预定、拣选、人无力自救。这个原则也促使加尔文主义者使用一个整体一致的神学方法；这使他们有别于天主教和其他新教神学家。不仅在他神学的整个范围内，而且在这范围之外，在生活和科学的每个领域，他所做的都旨在承认和持守神就是超乎所有被造物之上的神。在创造和重生的工作中，在罪和恩典中，在亚当和基督里，在教会和圣礼中，在任何情况下，神都会显明并维护祂的主权。并且，尽管遭遇诸多无视和抵抗，祂终必得胜。【这些敌意和抵挡可能并不强大，抑或神不仅战胜它们，并且迫使他们去尊崇祂的名。】[6] 在这一加尔文主义观念中，稍有英雄式、宏伟庄严的元素。从这个角度观看，整个历史进程就是一场盛大的竞赛。在这场竞赛中，神施行祂的主权，并使其像山涧一样，最终克服了所有的抵抗。无论被造物是否愿意，都没有资格质疑，只能承认祂神圣的荣耀。万物都是从神而来，因此它们理当都归向祂。祂是神，现在和永远都是神；祂是耶和华，是昔在、今在、以后永在的那一位。因此，

---

[3] 编注：在荷兰文稿中，这里的措辞是 wortel en beginsel，英译为 "root and principle"，中译为 "根源和原则"。英文文稿中将其缩略为 "root principle"。采用 "根源和原则" 的翻译更符合巴文克神学中的有机思想。之于巴文克，神学是一个有机体，仿佛一棵有生命的树，扎根于神的主权中。

[4] 编注：本句只出现于荷兰文稿，由编者译自荷兰原文：Alle onderzoekingen naar den aard der Gereformeerde religie hebben dit beginsel slechts te helderder in het licht gesteld.

[5] 编注：这里的 "思考" 和 "行动" 在英文文稿中分别是 thinking 和 acting，对应的荷兰文是 denken 和 handelen，所表达的并非是静止的状态，而是持续的行动。

[6] 编注：本句只出现于荷兰文版，由编者译自荷兰原文：Zoo machtig kan de vijandschap en tegenstand niet wezen, of God overwint deze niet alleen, maar dwingt ze ook, om dienstbaar te zijn aan de eere van Zijn Naam.

加尔文主义者在所有事情上都回归到神；除非追溯到神主权性美好旨意为万事最终和最根本的原因，不然他们就不会满足。他们从不因事物的表象失去方向，而是洞察它们的真实。在现象（phenomena）背后，他们寻找的是生出可见之物的那不可见的实质（noumena）。[7] 他们并非驻足于历史之中，而是在时间之外升到永恒的高度。历史不过是逐渐展开对神而言永远就在的事物。加尔文主义者无法在这些属世事物和正在生成、变化、将永远消逝之物的领域中，为自己的内心、思想、生活找到安息。因此，从救赎的过程中，他回归到救赎的预旨，从历史回到观念（idea）。他没有留在圣殿的外院，而是试图进入最里面的至圣所。他从永恒的角度看待一切。如果按照旧有的定义，宗教是人通过品德崇拜和敬畏神（*virtus per quam homines Deo debitum cultum et reverentiam exhibent*）；如果按照字义，神学是关于神的知识，以及所有与神有关、并降服于神的事物的知识；那么，加尔文主义信仰肯定最具宗教性，加尔文主义神学显然最具神学性。【那么，这两方面就是最纯粹的，既属于加尔文主义信仰和加尔文主义神学的本质，也与它们的理想完美契合。】[8]

然而，这种加尔文主义原则太普遍。因此，它也十分丰富，并硕果累累，以致无法将其影响力只限定为产生了宗教和神学领域中的一个特定类别。它带来了视世界和生活为一个整体的特定观点，可谓一种独立的哲学。在加尔文主义的土壤上生长的道德生活也具有独特的相貌。首先，值得注意的是，与所有伯拉纠主义者的期望和预测相反，加尔文主义一直在推动一种严格的道德生活。历史表明，宣信神的主权和被造物对神完全的依靠不仅无害，而且极大地有利于道德。【道德并未因此被削弱或扼杀，反而被巩固、复兴。】[9] 事实上，预定也包括了预定的方式，拣选总是预设了它所定的目的。拣选包含了命运、一生的工作和道德生活的呼召。因此，加

---

[7] 编注：巴文克在这里使用了康德哲学的概念。在巴文克看来，康德将"现象"（*Phänomenon*）与"实质"（*Noumenon*）、"显像"（*Erscheinung*）与"物自身"（*Ding-an-Sich*）彼此区分，以致于实质和物自身变得不可触及。相较之下，巴文克在区分二者的同时，更肯定神因恩典所赐的启示可以领人到祂面前。

[8] 编注：本句只出现于荷兰文稿，由编者译自荷兰原文：Dan zijn beide hier het zuiverst datgene, wat ze naar heur aard behooren te wezen en beantwoorden ze hier het volkomenst aan heur ideaal.

[9] 编注：本句只出现于荷兰文稿，由编者译自荷兰原文：De moraliteit is er niet door verzwakt of gedood maar bevestigd en verlevendigd.

尔文主义者的道德生活总是以活动和活力为标志，通过不懈努力将一切都置于神律法的训诫之下，借此使其降服于祂的荣耀。不可否认，道德因此不时有律法主义的特征，具有某种夸张性热诚和严肃。即便如此，加尔文主义已经培育了许多美德；这些美德被证明对家庭、社会和国家具有最重大的价值。对家庭的热爱、温和、清洁、整洁、秩序、顺服、贞洁、热诚、勤劳、节俭这些美德，自始至终都在加尔文主义基督徒中蓬勃发展。而且，由于加尔文主义常对人们产生巨大影响，它已经将这些特征嵌入一群坚定而勤劳的市民里；他们随时随地都表明了自己是支持教会和国家的主要力量。与此密切相关的是，加尔文主义发展出自己的政治体系和政治生活。毋庸置疑，加尔文主义包含了共和和民主的倾向。加尔文主义者只敬畏神，而不是人。一个被造者对另一个被造者的权力（authority）唯独来自神主权的恩赐；[10] 没有权力是人与生俱来的，或者内置于人本身；权力仅存于职务中。加尔文主义全然否定引人崇拜受造物和敬畏某个人。无论国王或臣民，在神面前人人平等；即使是穷人、软弱者和被鄙视的事物都被祂拣选达致最高的目的，凡有血气的都不应在神面前荣耀自己。对祂的顺服理应超越对人的顺服。 因此，正是加尔文主义促进了荷兰、英国和美国值得夸耀的公民和政治自由。这有别于西班牙、奥地利、意大利，甚至路德宗的德国。教会与国家之间的分离、宗教自由、良心自由、家庭和社会生活中的自由，所有这些都是加尔文主义之树结出的果实。

同样，这些加尔文主义原则本身就有特定科学和艺术形式的胚芽，尽管我们必须承认，这个胚芽尚未完全充分生长。由于加尔文主义历史戛然中止，所以它未有时间和机会在各个方向自我展开，并逻辑上遵循其原则来布局设计。不过它的发展潜力仍在，而路德宗的宗教改革从一开始就缺乏这种广泛的普世性。后者的人论或救恩论的原理对如此丰富的发展和应用太过狭隘。因此它仅限于宗教和神学领域。另一方面，加尔文主义具有包罗万象的倾向， 是大公性的（catholic；以该词最佳意义而言）。加尔文主义者完全意识到这种影响深远的倾向。并在此原则的影响下，他们以冷静和坚定的决心迈向目标，就是神自己在每一个被造物中所要的——荣耀祂的圣名。

---

10 编注：在荷兰文稿中，巴文克如此表述：一个被造者对另一个被造者的权力是有源头的，因为神按照自己意旨所喜悦的赐下权力。荷兰原文：Gezag van het eene schepsel over het andere ontstaat alleen, doordat God het naar Zijn welbehagen verleent.

二. 加尔文主义的历史性及国家性意义

加尔文主义进入了荷兰，并塑造了荷兰人民。这种情况从未发生在世界上其他国家。在宗教改革之前，在 14 世纪下半叶，在著名的赫尔特·赫罗特（Geert Groote，卒于 1384 年，拉丁名 Gerardus Magnus）的领导下，荷兰已有了宗教复兴。 然而，这种复兴除了积极的天主教特征，其他方面都在 15 世纪消失了。 在之后一代，道德腐败触目惊心。在 16 世纪初，特别是那些修道院，成为孳生罪孽之处。对神职人员的不道德、淫乱、无知、专制和敲诈勒索的抗诉，无论在这里还是其他国家都不胜枚举，莫此为甚。只有零星一些好的方面得以幸存。在普遍败坏的制度下，有些神职人员并非随波逐流。以甘斯福（Gansfort）和阿格里科拉（Agricola）为代表的人文主义，并没有像在意大利和其他地方那样敌视宗教改革。[11] 在许多人心里，对宗教改革的渴慕之心被唤醒了。如果有任何地方已经为新教预备了土壤，那么就是这里。

宗教改革本身经历了三个时期。第一个时期从 1518 年至 1531 年，目前由历史学家认定为圣礼派（Sacramentists）或福音派（Evangelicals）时期。早在 1518 年的前几个月，马丁路德的名声就传到了这个国家，各处的人都在读他的《九十五条论纲》，人们热情洋溢地聆听他的英雄事迹。他的崇拜者和支持者的人数与日俱增。这些人自然被称为路德宗信徒。当然，按

---

[11] 编注：维瑟尔·甘斯福（Wessel Gansfort；1419-1489）是一位宗教改革前的荷兰神学家。他受柏拉图哲学、奥古斯丁及阿奎纳神学的影响，后访问意大利时，又接触了文艺复兴的人文主义。他被尊称为"宗教改革前的改教家"。马丁路德还编撰过甘斯福的著作集，他为后者所作之序最先出现于 *Wesseli Epistola Adversus M. Engelbertum Leydensem[.] Epistola M. Iacobi Hoec Decani Naldicens[ensis] ad M. Wesselum. Epistola apologetica M. Wesseli adversus Epistola* [sic] *M. Iacobi Hoeck ...* ([Zwolle]: Simon Corver, 1522))，英译文收录于 "Preface to Johannes Wessel Gansfort, Letters (1522)," in *Luther's Works, Volume 59: Preface*, ed. Christopher Boyd Brown, trans. Heath R. Curtis (Saint Louis, MO: Concordia Publishing House, 2012), 6-11.
乔安·阿格里科拉（Johann Agricola；1494-1566）是一位德国新教改教家。他出生于德国的艾斯莱本（Eisleben），后在威登堡受教于马丁路德门下，并于 1523 年开始在威登堡教授神学。因阿格里科拉所持的反律法主义（Antinomianism），他在 1527 年和 1536 年先后与墨兰顿和马丁路德产生神学分歧和冲突。在 1537 年，阿格里科拉出走威登堡。马丁路德和之后的路德宗《教义协和书》（Formula of Concord）都驳斥了阿格里科拉对福音和律法的教导。

照后来的特定意义或术语，他们根本不是路德宗，他们对圣餐的看法其实更倾向于慈运理。事实上，慈运理本人的观点在海牙法学家科尼利厄斯·霍尼乌斯（Cornelius Honius）的一封信中得到有力认可，并在霍尼乌斯的引导下阐述了"'是'乃'预表'"（est pro significat）。[12] 荷兰宗教改革在这一时期极具宗教性质、神圣的热情、炽热的勇气，尤其缺乏政治元素。根据伊拉斯谟的说法，在 1525 年，很多人参与了这一运动。然而不久，教会和国家就密谋压制异端，颁布许多法令，很多人因此被烧死在火刑柱上。福音派传道人逃离这个国家，他们的追随者只能听天由命。在缺乏领袖后，他们的数量开始减少，热情消退。

然而，在这关键时刻，另一团体出场接手了宗教改革事业。重洗派开启了从 1531 年到 1560 年的第二个时期。他们很可能早在 1525 年就已产生影响，当时的迫害最为激烈。但直到 1530 年，他们才开始被认为是独立的、不同的团体。在 1530 年，杨·特莱曼（Jan Trijpman）从埃姆登（Embden）返回阿姆斯特丹，在那里他遇到了梅尔西奥·霍夫曼（Melchior Hofmann）。[13] 重洗派很快聚集了一大批追随者。他们英勇的信心令人钦佩；他们并没有逃离危境，而是勇敢面对。他们就是普通民众，简单而朴素。他们给需要的人提供指引和方向，并给惧怕的人注入信心和新的勇气。他们的教义，特别是关于圣礼的教义，得到了支持和赞同。许多人由于受迫害所带来的

---

[12] 编注：慈运理的 est pro significat 是为了反驳马丁路德所提倡的"这是我的身体"。对于马丁路德而言，这里的"是"（est）表示基督身体实际的临在。慈运理则认为，这里的"是"（est）意为"象征"或"预表"（significat）。有关慈运理对圣餐的论述，见 Zwingli, "Commentary on True and False Religion", in *The Latin Works of Huldreich Zwingli, Volume 3*, trans. Samuel Macauley Jackson, ed. Clarence Nevin Heller (Philadelphia: The Heidelberg Press, 1929), 198-234.

[13] 编注：杨·特莱曼荷兰文全名为 Jan Volkertsz Trypmaker，出生年日不详。他是 16 世纪早期荷兰重洗派领袖，在阿姆斯特丹建立重洗派教会。1531 年秋季，当时位于海牙的荷兰法院得知特莱曼在阿姆斯特丹所从事的宗教活动，下令批捕，并押送至海牙。在 1531 年 12 月 5 日，特莱曼被处以斩首之刑。

梅尔西奥·霍夫曼（Melchior Hofmann；1495-1544）是德国北部和荷兰地区的重洗派领袖。他强调天启异象的经历，并主张圣经的灵意超越字面的意思。他视《启示录》为重要的切入点，以此窥得圣经整体所要传达的教训。霍夫曼拒绝基督的人性，认为这个人性只是属天的肉体，透过马利亚降到世上，其实与普通人性没有任何关联。加尔文可能在斯特拉斯堡（Strasbourg）接触到了霍夫曼式基督论；George H. Williams, *The Radical Reformation* (Philadelphia: Westminster, 1962), 589. 加尔文同时驳斥了霍夫曼式基督论与初期教会异端马吉安主义和摩尼教，见加尔文，《基督教要义》，钱曜诚等译（北京：三联出版社，2017），卷二，第七章。

过度紧张的情绪，不禁让他们偏爱重洗派运动的狂热元素。许多以前为福音派的人士自然而然加入了重洗派。 原来的改革逐渐消失，但对重洗派的迫害开始肆虐。他们被打散、驱逐、处死，而且因内部分歧而分裂消耗。在这一时期，正是门诺·西门（Menno Simons）将这些毫无防备的重洗派信徒聚在身边，约束他们的狂热主义，让他们在安静中积蓄力量。

如果不是另一场运动传入我们国家，我们的宗教改革可能在它诞生之际就已夭折，消失殆尽。然而，**加尔文主义**正在慢慢地进入荷兰。它一方面通过一些南部省份进来，另一方面由来自伦敦、弗里西亚地区（Oost-Friesland）、克莱夫地区（Kleefsland）和普法尔茨地区（Palatinate）寻求避难的众多难民引入。加尔文主义不仅给予我们国家人民忍受迫害的力量，而且保存和肯定了这个国家的宗教改革。它在两方面与先前两项运动大相径庭。首先，它表现出强大的组织能力。福音派和重洗派已经因缺乏良好和坚定的领导而四散分裂。由于缺少合一，他们就苦于缺乏力量。相较之下，改革宗立即就组织起来了。早在 1561 年，他们就收到了德布利（Guido de Brès）的信经，并从公元 1563 年起，在荷兰南部举行了众教会或总会会议。[14] 其次，加尔文主义引发了政治运动。福音派和重洗派避开政治领域的任何一项运动，容忍自己成为待宰的羔羊。改革宗却拥有政治信念和宗教信念；他们寻求把贵族和商人与他们的事业联系在一起，并早在 1566 年就已决心武装抵抗。奥兰治的威廉王子（Prince William of Orange）被委任为指挥官，并在 1568 年开战。八十年后，这场战争以《威斯特伐利亚和约》告终。

从那以后，宗教利益和政治利益紧密相连。一个人宣布自己支持改革宗信仰就意味着支持奥兰治亲王。这将解释为什么不是在第一或第二时期，而是仅在第三时期产生了一个问题；这个问题关于宗教或政治、攻击信仰或违背宪章之冲突的主要动机。虽然这个问题还有商讨的余地，但答案毋庸置疑。八十年战争是宗教战争，是一场关于良心自由的战争。千万人因他们的信仰而被审判、定罪和处死就足以证明这一点。1572 年 7 月 2 日，阿

---

[14] 编注：德布利是 16 世纪一位荷兰改教家，被认为是《比利时信条》的主要作者。他出生年日不详，很可能生于 1522 年。在 1547 年前后，他接受了改革宗教义。在比利时地区逼迫宗教改革时期，布德利于 1548 年远走英格兰，直到 1552 年才回到荷兰。之后遭受多次逼迫，在 1567 年 5 月 31 日，布德利和他的同工胡兰赫（Pérégrin de la Grange）被公开处以绞刑，殉道 。

尔瓦（Alva）给西班牙国王修书一封，其中内容更能证明这一点。信中说到："荷兰的所有反抗者都要求良心自由，并声明在满足这点之后，他们不仅愿意交纳十分之一的钱[15]，甚至连五十分之一也愿意。"然而，与西班牙勇敢争辩的改革宗人士人数稀少。据粗略估计，1587 年改革宗人数不超过总人口十分之一，而且这些人主要属于下层阶级。不过，从 1572 年 4 月到 1576 年 11 月的四年里，仅由荷兰和泽兰（Zeeland）地区十分之一人口的改革宗人士持续与西班牙的抗争。但是这个小众加尔文主义团体借着信仰而刚强，透过它的原则而强大有力。它知道想要什么，并在努力争取结果的过程中坚定不移，不可战胜。在逼迫之下，它增强了在政治及宗教上的影响和权力。

按照事情发展的必然逻辑，改革宗信仰自然成了最大的宗教和国教。在 1583 年，这已然成为事实，但 1631 年的国家大会（Great Assembly）才在形式和法律上确定了此事。这诚然是荷兰历史上独特而真正显著的特征，教会和国家在同一个地方、在同一天诞生，它们从一开始就彼此联合。改革宗教会是政治共同体的中心。[16] 教会和共和国最初并非单独而立，继而联合；共和国甚至是在教会认信中诞生的。荷兰成为了一个国家，这要归功于宗教改革，特别是加尔文主义。在这个国家，加尔文主义塑造了一群人民，形成了一个民族，建立了一个共和国：作为一个国家，荷兰是一个孩子，由宗教改革所养育。正因如此，相较于其他任何一个国家，加尔文主义更加深入我们民族的深层结构；它已然成为我们生活的原则，我们力量的核心，我们繁荣的基础。

由于这种紧密联盟，教会的鼎盛期同样也是共和国最昌盛时期，而信仰的衰落则波及国家的衰败。大约在 17 世纪中叶，教会和政治共同体达到了权力的高峰。这时的成就远超先前冲突起始时最大胆的信心设想。改革宗的斗争挽救了荷兰的宗教改革；从某种意义上说，对于欧洲亦然。威廉王子在 1574 年已写道："如果这个国家被带回到西班牙人的暴政之下，真正的宗教将在各处消亡。"我国的宗教战争对整个欧洲都具有重要意义。

---

[15] 英译注：这是当时的术语，指的是由阿尔瓦（Alva）于 1572 颁布的征收十分之一的动产销售税。

[16] 编注：这里的"改革宗教会"一词在荷兰文中为 Gereformeerde Kerk，而非 Hervormde Kerk。这间接地说明，巴文克所在的基督教归正教会（Christelijke Gereformeerde Kerk）视自己的神学为宗教改革时期改革宗神学的继承者，有别于国教荷兰改革宗教会（Nederlandse Hervormde Kerk）的神学。

此处的抗议代表了所有新教世界去捍卫良心和宗教自由，反对西班牙暴政和罗马天主教宗教裁判所。《威斯特伐利亚和约》包括承认宗教改革及其无可争议的生存权。

在欧洲各国面前，荷兰为自己赢得了荣誉。教会度过了最美好的时光。神学由最重要的学者来培育。大学吸引了国内外最杰出的人才，享有盛誉，极具吸引力。艺术和科学蓬勃发展。这是文学的黄金时代。贸易和工业也得以发展，财富和奢华之物因此增加。这个自由的国度为所有内心窘迫者、受迫害的犹太人、英国异见者和法国难民提供了避难所。所有这些繁荣都直接或间接地基于加尔文主义如此勇敢和坚持不懈地保持了八十年的抗争。荷兰先求神的国和祂的义，因此所有其他东西也都加给了她。

教会和政治共同体也以同样的方式共同倒下。衰败的最初症状出现在17世纪末。笛卡尔主义和考克西主义（Coccejanism）为随后的理性主义铺平了道路。懒散和奢侈开始侵蚀旧时荷兰人的自尊和活力。在18世纪，人们也感受到了外国的影响，特别是英国的自然神论和法国的新教义学说（neology）。归咎于这一切，人们对奥兰治宫的热爱开始减弱，民族性格退化，加尔文主义蜷缩在平民百姓的安乐窝里。诚然，加尔文主义在他们当中仍旧存活，并通过与奥兰治王子们的密切结盟和深刻的民族情感，继续保持其原初的纯净。下层阶级的人民保留了最初的特点，外国的习俗没有取代旧的民族习惯，他们也没有接受法国人的观念。这些人安常守故，持守信仰，忠于自己的传统，喜爱自己的历史。然而，在这种情况下，加尔文主义不可避免地会遭受片面性和退化之苦，几乎完全失去了坚定的方向和指引。在教会和学校里，敬虔之人和神学彼此渐行渐远。那些喜爱教父信仰之人再也不能满足于当时流行的讲道，于是私下聚会，渴慕教导。由于他们在当时的时代并不如意，于是回溯过往，回到古老宗教文学的世界里，回归教父的言论和思想中。改革宗曾经在每一个运动中为首，一直是他们时代的开放派和激进派，现在却变成了保守派、反动派、颂赞旧时代和蔑视新时代的人。他们被冠以寻求黑暗并远避光明的顽固分子、狂热分子的称号。这使他们更加冥顽不灵，并使他们几乎与世隔绝。因此，虽然他们切断与所有有益的活动和运动的联系，但他们还是不能幸免源自反律法主义、拉巴迪派（Labadistic）和敬虔派等各种外来错误观念的危险。它不再是古老、高尚、激进的加尔文主义，而是一种变得粗糙、严酷、粗鲁的加尔文主义。它已褪去了光辉和激情，只剩冰冷、干枯和死亡。尽管如此，人们还是妥善保存了加尔文主义的宝藏——即使是以这种不那么高贵的形式——并将它传至我们这个时代和我们的后代；因此他们仍受尊敬。在经历曾经的殉道和战争后，加尔文主义被视为我们民族的灵魂，溶入人们的血液中，再也不能被任何外来的影响或力量所根除。神已亲自保守它，并以此证明它在将来还有未尽的任务。

在本世纪初，加尔文主义离开了它的藏身之处。国家恢复独立、奥兰治王子被高举为主权统治者和加尔文主义的复兴齐头并进。然而事实很快证明，国家恢复独立后并无内部改革，因而对加尔文主义人民持敌视态度。起初，人们以轻蔑和怜悯的方式对加尔文主义冷眼旁观。人们认为加尔文主义不再值得认真讨论，甚至不值得反对；它被认为是一种彻底被击垮的立场，注定湮灭无闻。当它在极度怯懦中行险侥幸时，那些蔑视者朝它投以嘲笑。尽管如此，它的数量和影响力仍增不减，监禁和罚款开始重新被用来压制并消除这种令人憎恨的信仰形式。国家努力通过中立性教会、中立性学校和中立性大学使国家自由化。媒体新闻试图通过系统地忽视、遗忘加尔文主义政党，从而将其杀死。比尔德戴克（Bilderdijk）、达寇斯塔（Da Costa）和范普林斯特勒（Groen van Prinsterer）受到最卑鄙的虐待。[17] 一般的改革宗主义者在他们本地、本教会和本族中被视为贱民。他们得不到公职或职位。相继出现的各种神学思潮依存于从法国和德国引进的外国思想；普通民众及其宗教对它们毫无兴趣。这些神学思潮也不理解这些民众和他们的宗教，也没有尽力去了解。第一位殷切研究本国改革宗神学并追溯其原则的人是"现代派"教授斯霍尔滕（Johannes Scholten）。教会与学校、宗教与神学、民族精神与外来影响之间的鸿沟，仍像以往一样存在。

但是神兴起了那些与普通民众的加尔文主义结盟之人，并将它从黑暗带到了光明中。从瑞士传到我们国家的复兴运动（réveil）局限在上层社会，

---

[17] 编注：比尔德戴克（Willem Bilderdijk；1756–1831）、达寇斯塔（Isaac Da Costa；1798–1860）和范普林斯特勒（Groen van Prinsterer；1801–1876）是19世纪中叶兴盛的荷兰复兴运动（Réveil）的三位代表性人物。比尔德代克成长于加尔文信仰的环境，后因反对巴达维亚共和国（Batavian Republic）逃难至德国和英国。他之后回到荷兰，并在莱顿（Leiden）私下教授法律和历史，因此吸引了许多追随者，其中就有犹太诗人达寇斯塔和法学家及政客范普林斯特勒。达寇斯塔在比尔德代克门下归信了基督教，以诗词和神学著作影响了众多知识分子，向他们传递复兴运动的思想。范普林斯特勒在19世纪荷兰贵族阶级中极具影响力，他对凯波尔于1879年建立的抗革命党（Anti-Revolutionary Party）有直接影响。巴文克本人于该党派关系密切。

并没有传入普通民众；它也不是加尔文主义。从民众之中，一次复兴诞生
了。宣扬改革宗教义的牧师从未消失。1834 年的分裂使人们从沉睡中醒来，
它唤醒了认信的意识，并使部分改革宗人士在国立教会之外建成了一个独
立自由的组织。在国立教会内部，一场加尔文主义运动在范普林斯特勒的
领导下开始了。虽然他属贵族阶级，但他以高尚的心灵理解人民，并不羞
于与他们密切接触或护卫他们。他成功地将他们从孤立中牵引出来，并鼓
励他们参与政治活动，抗议中立性国立学校。不久，其他人也随时准备接
替他成为这次运动的领导者；这次运动在教会和神学领域不断壮大，并持
续增长。在 1886 年的分裂之后，一大群信徒脱离国立教会的组织。1892 年
缔结的合一是历经持久战争后的胜利，是经过一段痛苦劬劳之后获得的王
冠，或许也是对更加美好未来的预言。

　加尔文主义的复兴一开始就尤为蒙福。这场复兴对荷兰来说非常重要，
但是对此的夸张描述只会带来负面效应。罗马天主教仍然拥有我们五分之
二的人口。国立教会拥有超过两百万的灵魂。其他教会和教派共有五十万
会众。在众改革宗教会建立本地联合之后，他们的教会数目不会超过六百，
会众人数约为四十万人。这个数字相对较小，因为它只占全国人口的十一
分之一。毋庸置疑，国立教会中仍有成千上万的人钟爱改革宗认信，并从
他们的讲台听到这些认信教义的宣讲。如果他们也可以在一个自由而炼净
的教会基础上与他们的弟兄联合，那将是一项令人欢呼的伟大事业。可以
预期的是，在他们采取更具决定性立场的同时，他们对现状也会更加不满，
并会考虑与国立教会决裂。在当下，他们认为国立教会是有罪的，这是一
个有必要且有责任指出的问题。无论如何，改革宗教会永远不会停息，直
到同属一家的弟兄们都在爱与和平中相聚在同一个屋檐下。但是，即使神
乐意将这种恩典赐给祂在荷兰的教会，国立教会外的改革宗教会也可能不
超过六十万人，这大约是我们整个人口的八分之一。

　这种数量上的微小，以及由此导致的能力缺乏，使我们避免了过多的
预期。许多人自称因加尔文主义日益增长的影响而恐惧，其实这些数字根
本不支持这种观点。一个加尔文主义国家，一个受宠的教会，以及改革宗
信仰延伸到整个国家，无从谈起。然而，自从这些事情发生之后，情况已
彻底改变。教会与国家、宗教和公民身份已永远分离。对神的不信已经渗
透各阶级，并使很大部分人远离了基督教。不信的现象比比皆是，改革宗
人士不会对这种令人震惊的现状视若无睹。他们不想、也不愿回到旧时那

样。他们衷心地接受宗教和良心的自由，以及法律面前人人平等。作为时代的儿女，他们不会蔑视神在这个时代给予他们的美好事物；他们忘记背后之事，努力获得面前之物。他们争取进步，摆脱僵死的保守主义的致命怀抱，并像从前一样，成为每一个运动的领导者。即使现在看来，荷兰许多人都认为他们过于激进，并怀疑他们是否与社会主义有秘密结盟。

然而，另一方面，无人可以忽略微小之事。加尔文主义有一种令人惊讶的力量。那些引导这运动的人可能量小力微，但加尔文主义原则本身却充满了潜在的能力。它在 16 世纪如此，相较而言，如今亦然。在这对比中，一切显然都取决于信仰。加尔文主义者是有信仰的团体；他们与信仰共生死。但是，如果神让我们当代加尔文主义者与旧时先辈一样，用同样的热情和舍己的态度坚守自己的信仰，那么幸福的未来或许为他们存留。纵然面对诸般诋毁和反对，各种轻蔑和堆叠其上的迫害，加尔文主义得以保存在我们人民的心中，这似乎都表明神自己为它存留了伟大之事，并计划让它成为祂在荷兰的教会的一个祝福。

在我看来，这种复兴的意义首先在于它能保存和保护我们国家的基督教和基督教会。加尔文主义是荷兰民族的宗教；把加尔文主义从我们身中夺走之人，也将剥夺我们的基督教信仰，并在我们当中为无信仰和革命预备了道路。[18] 其他基督教教义可能只有一小群信徒；它们不会影响人民，而且通常只是勉强维持生存。上个世纪出现的许多神学风潮都如昙花一现，相继冰消瓦解。虽然它们在自己的时代并非一无是处，但它们无法阻止不信的潮流，并保护国家免受其中革命力量的影响。另一方面，加尔文主义保留国家信仰基础，并未消逝，反而坚定不移，同时为人们提供了一套和谐的体系，而且提供了一个他们可以赖以生存之处。荷兰人民要么是加尔文主义者，要么弃绝一个基督教国家。从长远来看，这两个选择是绝对必然的，杜绝任何混合性或中介性特点。其他国家可能有所不同。它们的民族情结较少教理性和神学性，【反对思辨性并倾向实践性】[19]。但在荷兰，情形绝非如此。此外，历史证明了加尔文主义与我们的国家生活如此紧密

---

[18] 编注：巴文克在这里所用的"革命"（revolutie）并无进一步解释。鉴于荷兰新加尔文主义与法国大革命的密切联系，巴文克在这里很可能暗指该革命对基督教信仰的冲击。有关巴文克对法国大革命的看法，见 George Harinck, "Herman Bavinck and the Neo-Calvinist Concept of the French Revolution," in *Neo-Calvinism and the French Revolution*, ed. James Eglinton and George Harinck (London: Bloomsbury, 2014), 13-30.

[19] 编注：荷兰文稿中加入了这个片语，但巴文克并未说明指示对象。

地交织在一起，以至于没有任何事物能取而代之。任何其他认信都不能将加尔文主义的教义从人民心中驱逐，它已经在逼迫和苦难的压力下得胜了。人们借着血与泪的洗礼接纳了它；它谱写了我们历史上最光辉的篇章，成为我们民族性格中创造性和塑造性的力量。加尔文主义的复兴等同于保护基督信仰的本身，因为它在最严酷的斗争中进入荷兰，它本身就已保证了自己未来的存在。

第二，加尔文主义始终争取人民的自由，并且如今也为此诉求辩护，因此它在荷兰肯定会有一个美好的未来。即便与过往相比稍有逊色，但这也是源于同一原则。加尔文主义既是我们信仰、政治和公民自由的起源和保障。当这种自由在本世纪遭受攻击时，加尔文主义开始为其辩护。现在不再反对暴虐的西班牙，而是反对独裁型和全能型政府。即使面对最持久的反对，政府也从未放弃再次攻占我们生命中的良心自由、信仰自由、教会和学校的自由。在议会、新闻界、讲坛或教席上，荷兰官方想尽办法限制这种自由；不管这方法多么让人反感，都要将这自由从我们手中夺走。我们必须在每个领域都一点点地把它再次夺回。如今，我们已经成就显著，我们立法和执法的过程中，所有认信的平等性得到了前所未有的认可。但最终目标仍未实现，我们仍需继续反抗国家对中等和高等教育的垄断，反抗国立教会受的优越地位，诸如此类。可以预料的是，更加严酷的斗争正等待着将来的加尔文主义。我们生活在一个民主时代，对国家权力的扩张有着普遍的压力和诉求。中间党派相继退出历史舞台。政治激进主义和社会主义的力量正不断增强。在不久的将来，加尔文主义很可能不得不与政治激进主义和社会主义竞争，就像过去与保守主义和自由主义竞争一样，将为我们的宗教、政治和公民自由而争辩。现在它已经有幸组织了一个有影响力的劳工群体，以提醒和保护他们防范致命的无信仰理论及其社会后果。【一方面，它以激进、民主的方式加强了人民的影响力；另一方面，它在根本上反对任何人民主权的观点。因此，它的处境虽艰难，却是覆盂之固。】[20]

---

[20] 编注：本句只出现于荷兰文稿，由编者译自荷兰原文：Eenerzijds radicaal en democratisch en op versterking van den volksinvloed bedacht, is het toch anderzijds principiëel tegen. elk denkbeeld van volkssouvereiniteit gekant en neemt het daardoor eene positie in, welke wel moeilijk is, maar toch ook vast en onbeweeglijk.

　　加尔文主义给未来带来希望的第三个自带品质是它的历史意义。在政治上，我们与加尔文主义者成立了抗革命党，这是一个具有历史意义的基督徒政党。值得注意的是，大胆反对革命原则的比尔德戴克曾在莱顿举办了荷兰历史的讲座，因此聚集了一些门生，他们继续为争取福音和反对革命而奋斗。这些人中最杰出的当数范普林斯特勒，他不仅是一位改革宗基督徒和学识渊博的政治家，而且还是位一流的历史学家。借着他著名的《祖国历史手册》（ *Handboek over de geschiedenis des Vaderlands* ），他成了许多人的祝福。他净化历史，除去流行的人文主义和理性主义的观点，又把历史置于神圣话语的唯一真光中，且指出教会与共和国之间的密切联系。除此之外又借着这些，范普林斯特勒唤醒了民族精神，发展了对自由的高尚之爱，并巩固了人民对奥兰治王朝的归附。在他领导并争取改革宗信仰的权利之下，加尔文主义不能不具备国家性和历史性。在每个地方，宗教、语言和国籍都密切相关，但它们在荷兰可能是最紧密的。对宗教的争取必将使另外两者受益。因此，在扎根于过去、建立在三个世纪历史的坚实基础上，该政党在神的祝福之下，有希望获得未来的好收成。【不论如何，荷兰加尔文主义斗争的美妙之处在于：为神的荣耀勇敢站立并不是反对认信改革宗信仰、欣赏民族历史、归附皇室王朝、热爱祖国、强化民族意识、争取独立；相反，它们彼此紧密联系。加尔文主义之于荷兰并非外来者或陌生之物，而是家里的儿子，因此是未来的继承者。】[21]

　　另有迹象表明，加尔文主义在未来还有科学性呼召。预言是一项艰巨的任务，它不是赐给人去书写未来的历史。但是，从科学观的视角去看，加尔文主义所要成就的重要性不无可能。这种可能性和必要性显而易见。荷兰人的性格持守原则，坚持和谐一致的系统，并热爱推理和下结论。在共和国鼎盛时期，科学、艺术和文学都已取得了巨大发展，欣欣向荣。加尔文主义原则足够丰富和强大，可以满足一个科学领域的特别应用。在这

---

[21]编注：本句只出现于荷兰文稿，由编者译自荷兰原文：Dit is in elk geval in Nederland de schoonheid van den Calvinistischen strijd: het opkomen voor de eere Gods is niet tegengesteld aan, maar ten innigste verbonden met de belijdenis der Geref. religie, de waardeering der volkshistorie, de gehechtheid aan het Vorstenhuis, de liefde tot het Vaderland, de versterking van den nationalen zin en het strijden voor de onafhankelijkheid. De Calvinist is in Nederland geen vreemdeling of bijwoner, maar de echte zoon des huizes; en daarom ook de erfgenaam der toekomst.

方面，不能忽视的是，当今科学已然成为反基督教人士手中的有力武器。一个与时俱进、渴望对当前趋势采取坚定立场的团体，不能对科学性原则的争论漠然置之。它如果不抗辩置于信心科学（science of faith）之上的无信仰理论，就无法安息。这不仅是对神学而言，对所有知识学科的分支亦然。[22] 基督教受到的最大危险正是源于科学一方。原则统治世界，言语产生行动，无信仰带来革命。除了以信仰的方式，这个科学的世界不能被任何方式征服。神的荣耀应该在科学领域得到认可，就像在其他地方一样；加尔文主义在此处仍旧是神主权的拥护者。

三. 加尔文主义前瞻

谈论加尔文主义在其他国家和教会的未来是更加艰难的。但有一件事可以肯定：当今基督教会中普遍存在一些不利于加尔文主义的趋势。在一些地区，如威尔士、苏格兰高地和美国一些长老教会，人们仍然忠于改革宗认信。在其余地方，如法国、瑞士、英国和美国，我们发现在教会和神学中有一种无意识地根据所谓的时代要求和现代科学，来修改古老的加尔文主义的现象。我们可能赞同或反对这个事实，但这个已然的事实是不能否认的，我们必须坦率地面对它。

这种趋势目前似乎在各处方兴未艾。它的特点是：即便它不是完全剥离基督教的超自然特点，也是从纯粹人性和自然的一面努力呈现和赞扬基督教。原则上，进化论正在被基督徒采用，并且或多或少一致地被应用于基督教；基督教不再是唯一真正的宗教，而是最高尚、最纯洁的宗教；启示并非绝对超自然的，而是透过最善良、最高尚的人类心灵传递，然后沉淀在圣经之中；圣经不是绝对可靠的神的话语，而是包含神的话语；神圣的元素和人性不可靠的元素都并存于圣经中；神在基督里的最高启示与人类最纯粹的启示相吻合；神的道成肉身与人的神化（deification）等同，或更确切地说，被人的神化所取代。因此，基督教的宗教和道德层面继续得

---

[22] 编注：巴文克认为，所有科学都建立在信心之上，所有认知亦基于凭信对客观事物的接受。巴文克对此最全面的论述出现于他的第一篇学术期刊文章 "Geloofswetenschap," *De Vrije Kerk* 6, no. 11 (1880): 510-527. 这篇文章后收录于巴文克去世后出版的论文集，"Geloofswetenschap (1880)," in *Kennis en Leven*, ed.C. B. Bavinck (Kampen: J. H. Kok, 1922), 1-12.

到欣赏，而形而上学的元素被蔑视拒绝。人们竭力褪去基督教中所有这些偶然和辅助的元素，在将其本质限制在道德和宗教的内容之后，其余部分则被视作之于信仰和实际生活毫无价值、微不足道。在这过程中，他们有意或无意地受到当今具有我们时代精神的哲学的影响。不可知论教导超自然是不可知的；自然科学使我们在各方面都正视既定的规律；神迹在历史中无容身之处；历史批判学败坏了圣经。面对所有这些现代科学的成果，只有基督教允许自己脱离形而上学的背景、符合纯粹的宗教，它才可以被证实，得以维系。所有的教条都必须要被修改：圣经的教义、三位一体的教义、拣选的教义、基督的神性、祂工作的满足、教会论、末世论。所有这些教义都应被扔进坩埚，为要炼净渣滓，保留纯粹的宗教和道德元素。在当今的英格兰，这一发展正在全速前进。整个神学依照宗教、道德、"基督论的"的方向改造。[23]

这就是为什么在各处都会需求新教义，一种新颖特异的基督教，以及一种实践性、伦理性、非教义性、社会性、现代性基督教。重心已从教义转向了生活，从客体转向了主体。重要的不是信仰，而是爱。爱是至善（summum bonum），是"世上最伟大之事"。基督教必须通过治愈人性的创伤、改善社会以及使异教徒皈依来证明其价值、真理和存在的权利。以前，人往往被视作需要被拯救的灵魂，而现在却被视为需要帮助的身体。基督教被社会化，以便社会主义也可以基督教化。神学和教会必须搁置他们教义的、贵族的、等级的特点，阐述基督教的社会层面。教会要为神国预备地方，为神国工作是当今的潮流。所有可支配的能力都应为此目的而发展；无论青年人还是老者，每个基督徒都必须动员起来，每个新兵都要装备整齐。彼得和保罗已不入时宜，使徒约翰隆重登场。从一开始，基督教的总纲不是《罗马书》，而是登山宝训。

详细指出我们当今基督教整体正在朝这个方向发展并非难事。然而，这样做不必要且多余。我们只要提到俄罗斯的托尔斯泰（Tolstoi）、瑞士的阿思提（Astié）、法国的萨巴捷（Sabatier）、德国的立敕尔（Ritschl）、英国的法拉尔（Farrar）、苏格兰的德拉蒙德（Drummond）、美国的莱曼·艾勃特（Lyman Abbott）这些名字，就足以表明上述实质事实。基督教比以往任何时代都更加受流行哲学的支配，它正在按照当今的观点被修改。

---

[23] 编注：在荷兰文稿中，巴文克如此论述：整个神学必须依据宗教、伦理和基督论的方式改革（hervormd）和重新解释（umgedeutet）。

它不再是引领者，而是被引领者。正如在其它方面一样，在现代基督教观念中，成有（becoming）的原则已经取代了存有（being）。

　　鉴于这种每况愈下的发展形式，加尔文主义的复兴至关重要。如果荷兰没有经历目前在其他国家流行的这些现代神学倾向的影响，那么加尔文主义就不会有如此重大的意义。其不同之处仅在于，这些神学趋势在其他地方才刚刚兴起，而在我们中间，它们已是明日黄花。它们在这里过了自己的时节，并且已经度过了巅峰期。从历史和教义的角度来看，它们都呈现出不尽人意和贫乏的特点。事实证明，它们并不能阻碍不信的增长。它们显然在怀疑的风暴中缺少坚定的立场。在各个阶段都显明，它们已经一步步地从纯粹的信仰高度迅速衰落到不忠的深渊。第一步是呼吁人们从信条转向圣经，接着又抛弃圣经转向基督。而关于基督，祂的神性、先存性和无罪先后被否定。最后除了一个向我们启示神圣之爱的宗教天才的观念，别无他物。即便是这种神圣之爱，也成了批评和怀疑的对象。神的存有被认为是不可知的，祂的存在也不定然。最终万不得已，人的道德本质被放到了中心位置，被视为免受进化论的攻击。但是，即使是人的道德本质也被证明并非是原始的，乃是发展的产物。因此，许多人只剩唯物主义阴郁的信条。

　　事实却是，这种每况愈下的发展形式并没有提供可以抵御不可知科学（agnostic science）发展的安全立场，并且不得不向进化论逐步妥协。从宗教角度来看，它并非令人满意。先前时代的基督教观念与当今基督教观念有着巨大差别。以前，基督教是一个卓越的宗教，现在它主要关乎道德。曾经，福音被认为是拯救人类，给人们生死中的安慰；现在，它只不过是用来装备人类在地球上完成任务的工具。曾经，天堂被描述为最终目标，如今它已然在地上了。在过去，宗教是一个独立因素；现今，它只因在道德冲突中有用才被考虑到。古老的宗教本质上是神秘的，是与神相交的生活；今日的宗教主要是道德理想主义（moral idealism），是为人类服务的生活。然后，过去的问题是：神为人做了什么？现在，人要问的是：人正在为神做什么？一言蔽之，以前人为神存在；近来，神却被认为是为了人而存在。

　　相对于先前世纪过于"反面"的思想，这种现代观点无疑有些道理。然而，从长远及整体的角度来看，它并不令人满意。只要强烈的自我能力和活动的意识得以盛行，它就可以稍微令人满足。在这样的状态下，人类就像哲学家费希特（Johann Gottlieb Fichte，1762-1814）一样，在对自己能力的意识中对自我（Ego）感到满足，并认为外在世界仅仅是主体在履行其职责时所操作的物质，是一个将再次被人类力量所征服的"障碍"（Schranke）。然而，后续反应很快就会出现。令我们着迷的将是一个不变的存有（being），而非永不令人满足的成有（becoming）。我们将不再渴望无休止的劳力，或者就像莱辛（Lessing）和费希特一样，把天堂的幸福称为"无聊"（Langeweile）；我们将渴望那为神子民所存留的安息。然后，我们将不再讨厌存有的概念；恰恰相反，我们会厌倦成有的永久过程。与费希特之后修正自己的哲学一样，当前摇动基督教会的趋势必须要被逆转，因为它不再能满足人的心灵。它把人心从宗教中抽离，将宗教降级为道德的仆人，从而剥夺了它的独立价值。宗教不仅是一种行为。基督徒的行为无论多么善良和必要，都不能靠自身满足人心，或给良心带来平安和安息，或比罗马天主教会的善工更加超越。爱不能取代信仰。马大无法夺去主对马利亚的称赞。义人必因信得生。现代基督教似乎有意追求的道路，最终很可能会使加尔文主义获益，而这道路的结果几乎是毫无疑问的。我们迟早会正视这一事实：这种基督教现代化不仅没能成功赢得世界，反而会削弱信徒的信心。教会与世界之间、信与不信之间的每一项妥协，都对我们的反对者有利。这场战斗必须遵循原则。大卫战胜歌利亚只能依靠耶和华以色列万军之神的名。一旦有此认识，人们会再次发觉并欣赏加尔文主义的美。加尔文主义很乐意尊重我们这个时代基督徒工作的良好特点。它绝不赞成出世的观念和重洗派的"回避"原则；它并不鼓励懒散和嗜睡。加尔文主义是积极的，向每个人指明它的道德呼唤，并敦促人们尽其所能地为此努力。另一方面，加尔文主义同样反对那种属世的基督教。后者将我们时代的动荡和喧嚣、骚动和紧张移植到基督教范畴。加尔文主义维护宗教的独立价值，不让它被道德所吞噬。它有一种深刻的神秘主义，并培养了一种诚挚的敬虔。加尔文主义认为，唯独神是至善，与祂相交是至高的幸福。加尔文主义视存有的安息与成有的不安壁垒分明，并使我们在每个瞬间都感受到永恒的脉动。在生命的变迁和短暂背后，加尔文主义指向了神永恒旨意的亘古不变。因此，它为疲惫的心预备了一个安息之处；神已将永恒安置在人心，并保护人免受一切过度兴奋之苦。信者将不会轻率匆忙。加尔文主义深信，只要忠信诚实地以属天的心志，为主的缘故实现他们的呼召，作为一家之主的丈夫、为人母的妻子、厨房里的女仆、以及扶犁而耕的工人，就和宣教士、牧师和主日学老师一样，都是神的真仆人。加尔文主义已经培育的家庭和公民美德具有不可估计的价值，甚至国内外宣教禾场上最有价值的事工对此也不可忽视。

此外，没有人会否认，加尔文主义在本世纪正经历一场严重的危机，经受最严峻的考验。有成千上万的人已经切断了他们与基督教的所有联系，并且这个数字与日俱增。人们带着逐渐增强的胆量，重复着施特劳斯（Strauss）的声明：我们不再是基督徒了。许多人认为宗教是人类心智中最大的疾病和失常。还有其他人为了填补宗教的空缺，转而寻求崇拜人性、忠于职守、爱邻舍、服务于美、崇拜理想、尊崇宇宙，甚至有人为了安抚他们不满之心，而求助于唯灵论（spiritism）和神智学（theosophy），抑或穆罕默德或佛陀的宗教。基督教和加尔文主义面临的问题是：它们真正意义上是否为大公性和普世性；它们是否能适应所有地区和环境[24]；它们的用处是否只局限于过去，或有可能延伸到未来[25]；在这个权力的世纪中，它们是否还能在越来越与宗教分离的文明前站立得住；它们是否能跟过去一样，在将来也成为人类的祝福。

这场危机非常严重。没有人可以预言这个问题。然而，加尔文主义足够灵活柔韧，可以欣赏和转化使用（appropriate）我们这个时代的美好事物。诚然，它在原则上反对这个时代的强大精神和流行趋势。不过在有些方面，它仍然与其紧密结合，或许借此归属这个世代。加尔文主义完全是智性的，有一个深远的原则和一致的系统；它知道自己想要什么；它给出真理，而不是怀疑。在今日不断变化的观念面前，它提供了坚定和确信。它包括整全的世界观和生活观，因此不仅适用于宗教和教会，而且同样适用于道德、社会和政治生活。它是民主的，支持民众的利益，并加强他们对政府的影响力。加尔文主义热爱自由，永远捍卫出版和良心自由、艺术和科学自由。它也是社会性的，并且以塑造了一班可靠勤劳的公民而自豪。按照亚古珥的祷告来说，他们免受富足和贫穷的影响，并且以自己的劳动所得而饱足。加尔文主义积极又充满活力，憎恨所有罪恶的消极状态和自满的停顿，敦

---

[24] 编注：在荷兰文稿中，本句表述如下：它们是否在任何时刻、对任何人、在任何国家地区，都是既美好又适当的。荷兰原文：of het goed en geschikt is voor alle tijden en volken, in alle landen en toestanden.

[25] 编注：在荷兰文稿中，本句有截然不同的表述：它们是否不仅在过去的时代结出硕果，也能在未来可以生长发展。荷兰原文：of het niet maar in den verleden tijd zijne vrucht heeft gedragen, maar ook nu nog vatbaar is voor groei en ontwikkeling.

促人去完成神所赐的呼召。甚至本世纪的哲学体系也包含许多加尔文主义元素；加尔文主义可以将这些元素用于护教之中。不可知论的哲学偶然契合加尔文主义中关于神的不可知性（incomprehensibility）、祂旨意的不可测透性、祂喜悦的旨意（*voluntas beneplaciti*）的隐藏特性、以及人类认知官能的有限性等教义。康德严谨的道德原则有助于更清楚地揭示人性的堕落，即人内心"根本的恶"（*das radical Bose*）。悲观主义哲学肯定罪的教义，并且通过叔本华强调重生的必要性，这是从罪的权势中得拯救的唯一手段。几乎所有在本世纪发展形成的体系都证明了改革宗对意志非决定论（the indeterminism of the will）的否定，并有助于确认神律法和命定的因果联系。若有人在我们这时代的哲学体系中追溯它们与加尔文主义相契合的各种脉络，为要捍卫加尔文主义的教义体系，那他们的努力会得到丰厚的回报。

另一个让加尔文主义值得赞扬的特征是：它允许各种细微的差别，并且在应用其神学和教会的原则中避免了所有机械式的整齐划一（uniformity）。严格来说，路德宗只产生了一个教会和一个信条。相较之下，加尔文主义已经进入许多国家，并建立了许多形式各异的教会。它并非只产生了一个信条，而是许多信条。然而，这些信条并非只是互相复制。慈运理派的信条与属加尔文的信条有不同特点。《日内瓦要理问答》（the *Catechism of Geneva*）与《海德堡要理问答》有很大程度上的不同。《比利时信条》与《威斯敏斯特信条》有显著的差异。圣公会和长老会同样被认为是改革宗教会。这一明显的事实表明，加尔文主义留有个性展示的空间，因为这种差异必须在不同民族之间展现出来。诸般的恩赐、不同的见识可以不造成伤害，而是成为优势。没有一个人或单间教会已经完全摄取了真理的全部丰盛。对他们而言，真理实在过于丰富多面。只有与众圣徒一起，我们才能理解基督之爱的广、阔、高、深。

这也适用于未来的教会。罗宾逊（Robinson）对朝圣先辈说：

> 弟兄们，只有神才知道我是否会再次体会到再见你们的快乐；但按祂所喜悦的，无论给我们什么，我都希望你们存记在心，你们尊荣我作你们的领袖，不可超过你们看到我尊荣基督作为我自己的领袖。如果主喜悦通过任何其他方式带领你度过一生，那就跟随祂。我们还没有到达目标。圣经中仍然蕴藏

着对我们隐藏的知识。长老会教会的所有苦难都是因为他们力图视宗教改革已完毕，并且不允许进一步发展改教家的劳动成果。路德宗停留在马丁路德身上，很多加尔文主义者停留在加尔文身上；这实为不妥。诚然，这些人在他们的时代都光耀夺目；然而，他们并没有洞悉神的全部真理。如果他们能够从坟墓中出来，他们将是首先愉快地接受所有新亮光的人。弟兄们，相信所有的错误在宗教改革的短暂时期都已消除，如同相信基督教的认知（gnosis）已然一步到位，实为荒谬。[26]

加尔文主义希望在前进中总不停步，并且促进多样性。它感受到更深入了解救赎奥秘的推动力，并且借此就可以尊荣众教会的每样恩赐和不同呼召。加尔文主义并不要求自己在美国和英国与在荷兰有同样的发展。我们必须坚持，在每个国家和每个改革宗教会中，加尔文主义应该按照自己的本质去发展，不应该让自己被外来观念所取代或腐化。现在英国和美国普遍倾向于将德国视为神学科学的中心，但这对改革宗教会和改革宗神学都有害。各种各样的混杂原则和思想以这种方式进入教会和学校，从而削弱了自身的根基。正如每个国家尊重自己的独立一样，每个教会也都要保护和保持其个性，并在历史的指导下，为未来的教会和神学而努力工作。

这种要求并非源于排他主义。改革宗从未心胸狭窄。在马尔堡（Marburg），慈运理在弟兄之爱上远超马丁路德。加尔文主义者从未排斥路德宗信徒，始终承认他们是弟兄。加尔文主义虽然自称为最纯粹的宗教，并从基督教中除净所有罗马天主教添加的内容，却从未假装自己是唯一真正的基督教。加尔文主义甚至承认教皇体制下的教会是基督教和基督的教会（religio et ecclesia Christiana）。它对洗礼广泛温和的认可表明，它从未否认基督教的大公性。加尔文主义是一种特定的、最丰富、最美丽的基督教形式，但它并非与基督教本身同样辽阔。直到作为基督的身体的教会达到最丰满的成长，以及她所有的成员都完全成熟之际，她才会在信心和对神儿子的认识上达致完全合一。在此之前，包括改革宗教会在内的每个教

---

[26] 编注：巴文克在此处并未标明引文出处，并且他在英文版中所引述的内容比在荷兰文版中要长。

会，都必须守护所托付的，并在可能情况下，继续净化、归正，好让真理可以纯正、完整地传与后世。

　　没有人知道荷兰加尔文主义是否仍旧影响其他国家加尔文主义的未来。无论如何，一个荷兰作家就这一点发表意见肯定合乎情理。在多特会议上，荷兰地区的改革宗众教会承认圣徒相通。在与阿米念主义的斗争中，鉴于涉及加尔文主义的原则和基础，在没有征得全体改革宗教会同意的情况下，它拒绝判定这一争议。这种圣徒相通的精神今日尤存。不论在此处或他处，加尔文主义是为了我们神主权的恩典，为了祂话语的权柄，为了基督的荣耀。荷兰加尔文主义的意外复兴或许会坚固其他地方弟兄们的信仰，增强他们的信心，激发他们的热情，并鼓励他们继续坚定地为主征战。

第四章 荷兰地区的归正教会[1]

赫尔曼·巴文克

16 世纪宗教改革传入荷兰经历了三个时期。第一个时期从 1518 年至 1531 年，目前由历史学家认定为圣礼派（Sacramentists）或福音派（Evangelicals）时期。早在 1518 年的前几个月，马丁路德的名声就传到了这个国家，各处的人都在读他的《九十五条论纲》，人们热情洋溢地聆听他的英雄事迹。他的崇拜者和支持者的人数与日俱增。这些人自然被称为路德宗信徒。当然，按照后来的特定意义或术语，他们根本不是路德宗，他们对圣餐的看法其实更倾向于慈运理。事实上，慈运理本人的观点在海牙法学家科尼利厄斯·霍尼乌斯（Cornelius Honius）的一封信中得到有力认可，并在霍尼乌斯的引导下阐述了"'是'乃'预表'"（*est pro significat*）。荷兰宗教改革在这一时期极具宗教性质、神圣的热情、炽热的勇气，尤其缺乏政治元素。根据伊拉斯谟的说法，在 1525 年，很多人参与了这一运动。然而不久，教会和国家就密谋压制异端，颁布许多法令，很多人因此被烧死在火刑柱上。福音派传道人逃离这个国家，他们的追随者只能听天由命。在缺乏领袖后，他们的数量开始减少，热情消退。

然而在这关键时刻，另一团体登上舞台，接手宗教改革事业。重洗派开启了从 1531 年到 1560 年的第二个时期。他们很可能早在 1525 年就已产生影响，当时迫害最为激烈。直到 1530 年，他们才开始被认为是独立的、不同的团体。是年，杨·特莱曼（Jan Trijpman）从埃姆登（Embden）返回

---

[1] 编注：本文译自 Herman Bavinck, "The Reformed Churches in the Netherlands," *The Princeton Theological Review* 8, no. 3 (1910): 433-460. 此文并无荷兰文稿。

阿姆斯特丹，在那里他遇到了梅尔西奥·霍夫曼（Melchior Hofmann）。重洗派很快聚集了一大批追随者。他们英勇的信心令人钦佩；他们并没有逃离危境，而是勇敢面对。他们就是普通民众，简单而朴素。他们给需要的人提供指引和方向，并给惧怕的人注入信心和新的勇气。他们的教义，特别是关于圣礼的教义，得到了支持和赞同。许多人由于受迫害所带来的过度紧张的情绪，不禁让他们偏爱重洗派运动的狂热元素。许多以前为福音派的人士自然而然加入了重洗派。原来的改革逐渐消失，但对重洗派的迫害开始肆虐。他们被打散、驱逐、处死，而且因内部分歧而分裂消耗。在这一时期，正是门诺·西门（Menno Simons）将这些毫无防备的重洗派信徒聚在身边，约束他们的狂热主义，让他们在安静中积蓄力量。

　　如果不是另一场运动传入我们国家，我们的宗教改革可能在它诞生之际就已夭折，消失殆尽。然而，加尔文主义正在慢慢地进入荷兰。它一方面通过一些南部省份进来，另一方面由来自伦敦、弗里西亚地区（Oost-Friesland）、克莱夫地区（Kleefsland）和普法尔茨地区（Palatinate）寻求避难的众多难民引入。加尔文主义不仅给予我们国家人民忍受迫害的力量，而且保存和肯定了这个国家的宗教改革。它在两方面与先前两项运动大相径庭。首先，它表现出强大的组织能力。福音派和重洗派已经因缺乏良好和坚定的领导而四散分裂。由于缺少合一，他们就苦于缺乏力量。相较之下，改革宗立即就组织起来了。早在 1561 年，他们就收到了德布利（Guido de Brès）的信经，并从公元 1563 年起，在荷兰南部举行了众教会或总会会议。其次，加尔文主义引发了政治运动。福音派和重洗派避开政治领域的任何一项运动，容忍自己成为待宰的羔羊。改革宗却拥有政治信念和宗教信念；他们寻求把贵族和商人与他们的事业联系在一起，并早在 1566 年就已决心武装抵抗。奥兰治的威廉王子（Prince William of Orange）被委任为指挥官，并在 1568 年开战。八十年后，这场战争以《威斯特伐利亚和约》（the peace of Westphalia）告终。从那以后，宗教利益和政治利益紧密相连。一个人宣布自己支持改革宗信仰就意味着支持奥兰治亲王。纵然如此，与西班牙勇敢争辩的改革宗人士人数稀少。据粗略估计，1587 年改革宗人数不超过总人口十分之一，而且这些人主要属于下层阶级。不过，从 1572 年 4 月到 1576 年 11 月的四年里，仅由荷兰和泽兰（Zeeland）地区十分之一人口的改革宗人士持续与西班牙的抗争。但是这个小众加尔文主义团体借着信仰而刚强，透过它的原则而强大有力。它知道想要什么，并在努力争取结果的过程中坚定不移，不可战胜。在逼迫之下，它增强了在政治及宗教上的影响和权力。

按照事情发展的必然逻辑，改革宗信仰自然成了最大的宗教和国教。在 1583 年，这已然成为事实，但 1631 年的国家大会（Great Assembly）才在形式和法律上确定了此事。这诚然是荷兰历史上独特而真正显著的特征，教会和国家在同一个地方、在同一天诞生，它们从一开始就彼此联合。改革宗教会是政治共同体的中心。教会和共和国最初并非单独而立，继而联合；共和国甚至是在教会认信中诞生的。荷兰成为了一个国家，这要归功于宗教改革，特别是加尔文主义。 在这个国家，加尔文主义塑造了一群人民，形成了一个民族，建立了一个共和国：作为一个国家，荷兰是一个孩子，由宗教改革所养育。正因如此，相较于其他任何一个国家，加尔文主义更加深入我们民族的深层结构；它已然成为我们生活的原则，我们力量的核心，我们繁荣的基础。

由于这种紧密联盟，教会的鼎盛期同样也是共和国最昌盛时期，而信仰的衰落则波及国家的衰败。大约在 17 世纪中叶，教会和政治共同体达到了权力的高峰。神学由最重要的学者来培育。大学吸引了国内外最杰出的人才，享有盛誉，极具吸引力。艺术和科学蓬勃发展。这是文学的黄金时代。贸易和工业也得以发展，财富和奢华之物因此增加。这个自由的国度为所有内心窘迫者、受迫害的犹太人、英国异见者和法国难民提供了避难所。所有这些繁荣都直接或间接地基于加尔文主义如此勇敢和坚持不懈地保持了八十年的抗争。

教会和政治共同体也以同样的方式共同倒下。教会与政府联合对教会而言并无益处。严格意义而言，改革宗教会并不是国教，但她是一个公共的、占主导地位的教会。多特会议时，教会在政府的帮助下驱逐了亚米念主义。自那以后，将所有非改革宗教会成员排除在公职之外的做法已经成为惯例。其结果就是，成为教会会友是一件时尚的事，许多加入了公共教会的人也并非真诚地坚持改革信仰。在教会之外，罗马天主教、路德宗、门诺派和亚米念主义的影响力和力量逐渐增加。哲学上，笛卡尔主义和考克西主义为随后的理性主义铺平了道路。懒散和奢侈开始侵蚀旧时荷兰人的自尊与活力。在 18 世纪，人们也感受到了外国的影响，特别是英国的自然神论和法国的新教义学说（neology）。

　　归咎于这一切，人们对奥兰治宫的热爱开始减弱，民族性格退化，加尔文主义蜷缩在平民百姓的安乐窝里。诚然，加尔文主义在他们当中仍旧存活，并通过与奥兰治王子们的密切结盟和深刻的民族情感，继续保持其原初的纯净。下层阶级的人民保留了最初的特点，外国的习俗没有取代旧的民族习惯，他们也没有接受法国人的观念。这些人安常守故，持守信仰，忠于自己的传统，喜爱自己的历史。然而，在这种情况下，加尔文主义不可避免地会遭受片面性和退化之苦，几乎完全失去了坚定的方向和指引。在教会和学校里，敬虔之人和神学彼此渐行渐远。那些喜爱教父信仰之人再也不能满足于当时流行的讲道，于是私下聚会，渴慕教导。由于他们在当时的时代并不如意，于是回溯过往，回到古老宗教文学的世界里，回归教父的言论和思想中。改革宗曾经在每一个运动中为首，一直是他们时代的开放派和激进派，现在却变成了保守派、反动派、颂赞旧时代和蔑视新时代的人。他们被冠以寻求黑暗并远避光明的顽固分子、狂热分子的称号。这使他们更加冥顽不灵，并使他们几乎与世隔绝。因此，虽然他们切断与所有有益的活动和运动的联系，但他们还是不能幸免源自反律法主义、拉巴迪派（Labadistic）和敬虔派等各种外来错误观念的危险。它不再是古老、高尚、激进的加尔文主义，而是一种变得粗糙、严酷、粗鲁的加尔文主义。它已褪去了光辉和激情，只剩冰冷、干枯和死亡。尽管如此，人们还是妥善保存了加尔文主义的宝藏——即使是以这种不那么高贵的形式——并将它传至我们这个时代和我们的后代；因此他们仍受尊敬。在经历曾经的殉道和战争后，加尔文主义被视为我们民族的灵魂，溶入人们的血液中，再也不能被任何外来的影响或力量所根除。神已亲自保守它，并以此证明它在将来还有未尽的任务。[2]

　　在民族性改革宗信仰和外来侵入的新教义学说（neology）之间，18世纪末期还出现一种名为超自然主义的温和倾向，它的影响触及19世纪。其性质不难描述，主要特征就是肤浅。它并不希望被认定为不信；其实远非如此，它尊重宗教，自称虔诚，高度评价圣经和基督教。它强烈厌恶新神学。它也不想成为维科查德（Wegscheider）和帕洛斯（Paulus）那种意义上的理性主义，但以自己的合理性（rational）而自豪。理性在宗教领域取得了很大的进步，尽管它也离不开启示，甚至也认为启示很有必要。就此

---

[2] 编注：以上内容乃巴文克引自《加尔文主义的未来》一文，见第三章64-49页。

而言，超自然主义的出发点并非启示和信心，而是从一开始就处在制高点俯视两者，并在推理的过程中试图进入启示，证明信仰的合理性。圣灵的见证（*Testimonium Spiritus Sancti*）在这个观点中的确毫无作用。源于神迹和预言的论证已经失去了力量，甚至否认了圣经的可信度。因此，超自然主义选择了历史的进路。在各种外部和内部证据帮助下，新约圣经的真实性、完整性和可信性首先得以确立。从人类之信（*fides humana*）提升到真正的神圣之信（*fides Divina*），因为新约圣经已被证明是可信的，它揭示了耶稣和使徒们的神圣权柄，这也被神迹和预言所证实。旧约的默示和权柄建立在新约的默示与权柄的基础上。在争取这种教理学的形式部分之后再开始处理教理学的实质部分，这哪算得上教理学！借助埃内斯提（Ernesti）备受赞誉的语法解经，产生了一种所谓取自圣经的圣经神学，它称不上教义学。它是某些普通、肤浅的基督教真理的集合体，并非源于圣经深处，与改革宗认信的精神和活力毫不相干。这是一种宗教的教义，将神变为至高的存有，将基督变为教师，将人变为纯粹的智性存有，视罪为软弱，视归信为改正，视成圣为追求美德的过程。总之，它在神学上属自然神论，在人论上属伯拉纠主义，在基督论上属亚流主义，在救恩论上属于道德化，在其教会论上属联合共治，在其末世论上属享乐主义。[3]

旧的长老会制度与这些原则并不和谐兼容。不仅是荷兰改革宗教会的精神，甚至连它的组织都很快发生巨大变化。法国大革命于 18 世纪末在这里粉墨登场，着迷的人们对此热情洋溢地欢迎。1795 年 1 月 18 日，奥兰治王子出国前往英国后，"临时代表们"发表了一项公告，坚持认为每个人都有权以自己的方式服侍神，一个公民无论归属哪个宗教，都有权在宪法机构中投票，所有公民都应单单依据自己的德行和能力，当选和担任公职。1796 年 6 月 1 日，国民大会召开，废除了占主导地位或特权教会的旧制度，将教会与国家分开，并废除了前政府的所有公告和决议，且于 1796 年 8 月 18 日，大体上废止了一切源于教会与国家联合之政策。本着这种精神，代表们制定了一部宪法，该宪法在国民大会中以少数优势通过，但在 1797 年 8 月 18 日被人民否决。下一部宪法也呈现出同样的倾向性，但它规定牧师的津贴应支付三年。然而，这种革命并没有达到人们期望的程度。不久之后，许多之前支持它的人也完全改变了主意。教会和国家的分离并没有撤

---

[3] 编注：这段内容乃巴文克引自《荷兰新近教理思想》，见第二章。

销。但许多旧制度在 1801 年的宪法中得以恢复，更多内容在 1803 年被恢复，例如支付牧师津贴，庆祝礼拜天，感恩节，设立神学院等。下列内容都在随后的宪法中被批准：保留教会与国家分离，废除特权教会，所有宗教观念都受到法律保护，国家继续支持教会。1805 年，国务秘书处负责教会政策；1808 年，政府设立了一个公共崇拜部，一直到 1862 年才取消；1808 年 8 月 2 日的一项法令规定将教会财产移交给国库，并由国库统一支付改革宗教会及其他宗派牧师的津贴。1810 年 7 月，法国吞并荷兰后，与改革宗教会相关的方面出现了非常复杂的情况。一项皇帝法令（1810 年 10 月 10 日）提议教会完全顺服国家。1810 年 11 月以后，国家不再支付牧师津贴。1810 到 1812 年间，困难频生。然而，1813 年 11 月发生骤变。奥兰治王子回归，宣布登基为国王。他很快就接管了教会事务，不过是以他自己特有的方式。他不仅改革了财政状况，还打算按照他在英国所熟悉的主教和区域制度重组改革宗教会。其实这样做并没有必要。教会被组织起来，有训诫标准。一些长老会辖区和牧长区会仍然存在，因此可以随时召开会议。虽然组织没有解体，但由于时代的混乱，旧有的组织并不起作用。国王努力要将其他地方盛行的政教合一思想引入这个国家，使教会成为他意志的器具，手中的器皿。1815 年 5 月 28 日，他在教会不知情的情况下，以私人谕令方式任命了一个由 11 位牧师组成的委员会；他们要考虑用先前准备的一个计划来管理教会。1816 年 1 月 7 日，这一计划在略作修改后获得了国王批准，就有了《荷兰王国改革宗教会理事会一般准则》。

如是，由于国王的任意行为，旧长老会形式的教会训诫瞬间就被废除了，并被新成立的一个皇家组织所取代。目前在这片土地上没有人不认为这项规定的起源是非法的，亦是反改革宗、反长老会制度的，具有等级特性，且与基督的王权冲突。事实上，第 15 项条款肯定了立法权归于国王。常设理事会取代了区会议会和省级议会；全体牧长区会成了一个学院。它一年召开一次，首批成员由国王任命，其制定的规则需要国王批准才能实施。在第 9 项条款中，虽然理事会的确负责维护教义，但这教义指的是大公基督教的教义，具有上文提到的超自然主义的倾向。在国王将牧长区会为改革宗教会牧师制定的委身签名（formula of subscription）提交给教会时，这趋势的影响力显露无遗。在这项签名中，牧师们要承诺忠实地接受，并真正相信与荷兰改革宗教会所接受的联合信条（*Forms of Unity*）[4]中所体现的神的圣言相符的教义。很多人认为，这个签名形式故意用词模糊。如是，它清楚说明，牧师们不必因联合信条建立在神话语之上而接受，而要因联合信条中的教义与神话语相符来接受。这样就把决定教义的自由留给了个人。

历史以更果断的方式发生。我们应该允许教会组织在某些方面逐步改善。威廉二世和威廉三世赋予教会更多的独立性。国王在 1842 年宣布，根据宪法，自己无权治理教会事务。1843 年，他将教会最高立法权还给了牧长区会，牧长区会于 1852 年制定了一项新规。这在某些方面是好的变化，因为它将更多的权柄给了会众，更多的特权给了长老，并努力提倡从民众中自下而上建立组织。尽管如此，它与 1816 年的组织方式实质上是相同的。由政府建立的牧长区会是独立的，但教会并没有从政府统治的暴政中解脱出来。权力只是转移了，却没有被废除。这种源于帝王力量的权力受等级制度精神的启发，虽然在某些方面有所改变，但至今仍保持着与教会及其成员相对立的理事会制度。

本世纪荷兰改革宗教会的历史为此提供了明证。这是一场认信与法规之间的持久战。在本世纪初最重要的超自然主义派在 1835 年前后被格罗宁根学派所取代，而后者在 1850 前后又被"现代神学"所取代；这过程始终是一个退化的行动。超自然主义把注意力从信条转到圣经，格罗宁根学派把注意力从圣经转到作为神启示的基督的位格，"现代"神学把注意力从基督的位格转到耶稣的宗教个体性。所有这些派系都与牧长区会密切相关，在其中形成了派系，并总在诉诸于既定法规而非信条时，获得牧长区会的支持。理事会在彼时及后来持续的主要考量都是维持秩序与和平，把因原则上彼此反对而不能联合之人团结在一起。由于这些法规的权力，真正的改革宗教会的后代却被搁置，遭受不公正对待，被迫害，遭驱逐。

即便是在教会每况愈下，甚至不信者掌权的年代，这些真正的后代仍然大量存在。正如上文所说，在隐退之人的圈子里，古老的加尔文主义信仰得以保留。在这些隐秘之处，它逐渐重现。威尔科克斯（Wilcox）和罗伯特·哈尔丹（Robert Haldane）从瑞士引入的"大复兴"也开始在博斯特（Bost）、塞萨·马兰（Cesar Malan）、默尔·奥本聂（Merle d' Aubigne）、

---

[4] 编注：联合信条指三份改革宗信仰的认信文献，即《比利时信条》、《多特信经》和《海德堡要理问答》。

莫诺（Monod）、高森（Gaussen）等人的领导下，尤其在海牙和阿姆斯特丹的某些贵族圈子里产生了影响。这次大复兴既不是民族性的，也不像改革宗教义般积极。它是循道宗的、个人主义的，具有一般的基督教性质。尽管如此，它还是带来了极大的祝福。它热情地为所有人，甚至是最底层之人的福音事工效力，并推动慈善事业。它带领这个国家复兴加尔文主义，并教会内的活动。著名诗人比尔德戴克曾发表过抵制不信和大革命的铿锵有力的诗歌。他于 1810 年曾写道，改革宗教会现状使得基督徒必须与它分离。他在 1825 年写给达寇斯塔的一封信中又重申了这一信念。因日内瓦自由教会的榜样，这种分离的观念在荷兰变得更为人熟知。小规模的分离现象在如阿克塞尔（Axel）等地四处出现。社会各界都感受到分离的思想及其必要性。

这些分离中最重要且最蒙福的一次始于 1834 年，并逐渐遍及全国。在格罗宁根的乌布鲁姆（Ubrum）教会的牧师亨德里克·德考克（Hendrik De Cock），通过与虔诚人交谈以及阅读加尔文的《基督教要义》，最终获得了真理的知识。1833 年，他站出来反对两位被他称为"在基督羊圈中的豺狼"的牧师，这导致他被停职。虽然起初他的津贴得以保留，但随后在 1833 年 12 月，他不得不放弃津贴达两年之久。他在那时出版了一份反对福音赞美诗（Evangelical Hymns）的作品，这导致他于 1834 年 5 月 29 日被解雇。经过慎重考虑，德考克决定与他所属的长老会和大部分会众分离。他当时断定，这不仅是他的责任，而且根据《荷兰信仰告白》第 27 条和 28 条，这也同样是所有信徒的责任。在《对荷兰忠信之人的讲话和呼吁》（*Address and Appeal to the Faithful in the Netherlands*）中，他劝勉这些人要清醒意识到作为信徒的责任，脱离假教会，加入真教会。不久，在其他地方，诸如根德伦（Genderen）在施乐特（H. P. Scholte）领导下，哈特姆（Hattem）在布鲁迈坎普（A. Bmmelkamp）领导下，德罗赫哈姆（Drogeham）在范维尔岑（S. Velzen）领导下，也出现了撤离国教和分离的现象。"走出巴别塔"的呼声响彻全地。

但最初已经分离的教会却没有良好的组织、聪明的领袖和内部的和谐。他们内部很快就洗礼、教会训诫、正式着装、普遍宣扬恩典的必要性等问题，出现各种不同意见。但最重要的分歧是关于政府应给予他们多少自由，以及接受这种自由是否明智。政府认为分离是错误的。1834 年以前，荷兰政府曾多次表示反对建立分离的宗教聚会。当时，这些聚会的组织者要么被罚款，要么被关进监狱；这些聚会也都被驱散了。但是，当皇室牧师表示他不赞成这种分离行动，并劝诫会众回到牧长区会的管辖之下时，迫害就变得猖獗了。警方和法院有权对已经分离之人采取措施；甚至改革宗教会牧长区会也乐意向政府提出请求，政府不应允许分离者举行宗教聚会，应阻止他们建立分离者的教会。所有人都同意这种迫害。杂志和期刊对针对分离者的措施表示满意。在一些地方，人们甚至鼓励流氓团伙进行各种伤害和骚扰。当时的法令是处以罚金、监禁，并在私人住宅中驻扎部队。范普林斯特勒是特别少有敢抗议这种宗教性不容忍的人。外国政府却表达了更多的同情。

1835 年 12 月 11 日，国王签署并发布了一份牧函，说国王陛下极其悲痛地获悉一些会众打算脱离已建制的改革宗教会，并组成私人团契。在公众秩序与安全完全恢复之前，国王不会批准或给予保护。因此，新成立的教会需呈报的内容不得包含任何侵犯建制派改革宗教会之繁荣、权利或特权的行为。

分离者教会第一次会议于 1836 年 3 月 2 日至 3 月 12 日在阿姆斯特丹召开。他们断言自己代表荷兰地区归正教会，他们只是摆脱了反改革宗教会治理的形式，但是他们却没有离开教会本身。因此，他们属于古老的改革宗荷兰教会，并拥有教会物产、财产和收入的权利。不过他们会放弃这些权利，只希望能自由举行公开的宗教聚会。

然而，政府对这些分离者教会的态度并未改善，反而在 1836 年 7 月 5 日颁布了一项皇家法令，视分离者索要归正教会之名为篡夺的行为，并禁止他们聚会。如果还有人要组成分离者教会，他们必须向政府递交由每个人签名的申请书，并征得政府的许可。他们还要承诺自给自足，不期望政府提供任何帮助，也不会侵犯任何改革宗教会的财产。政府的这一法令在分离者中造成了巨大分歧。例如在乌得勒支教会中的信徒认为，在这些条件下有崇拜的自由是更可取的。但是许多人对放弃"归正教会"之名而仅被视为一组或一群人，又丧失索取归正教会之头衔或财产的权利仍有顾忌。如是，在所谓的"分离者教会"（Separated Congregations）和"十字架下的教会"（Congregations under the Cross）[5]之间开始出现分裂。

---

[5] 编注：巴文克在此处所指的是指荷兰最悠久的改革宗教会。德国埃姆登（Emden）的改革宗教会被称为十字架下的教会的母会。1571 年在埃姆登召开的教会会议为荷

威廉一世在 1840 年退位后，这种迫害逐渐停止，造成紊乱的原因也几乎得以消除。更多的合一、秩序和组织逐渐出现。在分离者教会中，1854年坎彭神学院的建立极大地促进了这一变化。在此之前，神学生们受教于不同的牧师，因此在观点上存在很大的差异，并分成不同学派。但在 1854年，这局面就不复存在了。从此以后，教会的所有牧师都在同一所学校接受教育，教会的合一逐渐被巩固。从许多方面而言，1834 到 1854 年是迫害、紊乱和分歧的时期。但 1854 年以后，分离者教会开始增长。1869 年，分离者教会众和十字架下的教会以基督教归正教会（Christian Reformed Church）的新名重新联合。因此，教会终于在呈报的一般法规的基础上得到了政府的认可。她的尊荣和荣耀越来越表现为她是一个不受国家辖管的自由教会。起初，有些人仍然坚称他们是古老的改革宗教会，他们有权获得荷兰改革宗教会的财产和政府的援助。但其他的影响因素也带来了不同意见。即使在分离开始之际，一些人也受到瑞士大复兴运动的影响，尤其是主张政教分离的维纳特（Vinet）的影响。1837 年 9 月 21 日至 10 月 1 日，乌得勒支的牧长区会已经声明了这一原则。后来，苏格兰联合长老会的代表特别宣传了这一点，他们首次出现在 1860 年在霍格芬的牧长区会上。[他们是詹姆斯·哈珀博士（James Harper），威廉·彭迪博士（James Harper）和约翰·德科·派迪先生（John Derk Peddie）。]自那以后，分离者教会越来越坚信他们必须与国家分离。

然而，许多基督徒，甚至是归正基督徒，仍然留在改革宗教会，并且真心担忧分离。然而，这些因大复兴聚在一起、由于害怕分裂而团结一处的朋友，其实各持己见。他们就以下问题彼此意见不一：改革宗教义，特别是预定论和特殊恩典的教义；荷兰改革宗教会及现状；信条各条款的真理和价值；国家、教育、政治等方面。其中特别有两个团体。第一个是"伦理派"，特别是在查得佩·德拉·索萨耶（D. Chantepie de la Saussaye）领导的时期，旨在推动大复兴中德国调解神学（Vermittelungstheologie）所呈现的敬虔主义元素。[6] 它以重生的主体为起点，生活纯洁置于教义之先，

兰的改革宗教会制定了整体结构。此外，在宗教改革时期，荷兰格罗宁根省周边的新教信徒逃至埃姆登避难，许多改革宗牧者因此也在此接受训练。因此，当巴文克所在的分离者教会于 1834 年从国教中脱离时，十字架下的教会已经存在近两个半世纪。

[6] 见《长老会与改革宗评论》中的文章《荷兰新近教理思想》，1892 年 4 月版，第221 页。编注：此文已译成中文，见第二章。

并试图从这样的生活中推导出圣经和信仰告白中所有客观真理。教会存在的主要目的不是教义和维护教义，而是活泼的、有信心的会众。会众才是教会的支柱和灵感，在信仰告白条款中找到表达方式；信仰告白则只是个不完美且可变的生活法典而已。因此，绝对且公正地持守教义、信仰告白和教会训诫是无用的。伦理性讲道、道德训诫和圣灵的更新才是唯一有价值的。若一个人归信，生命得以更新，所有必要之物都已得着。在此之前，我们必须视这种混乱状态为神的旨意，并温柔地忍耐它。在学校、教会、政治、神学院等方面，"伦理派"越来越偏离其他观点。

相对立的团体由著名的范普林斯特勒领导。他生于 1801 年，卒于 1876 年。他是复兴运动的儿子，也是比尔德戴克的门徒。后者用其诗歌的才华抨击所有自然神论、理性主义、伯拉纠主义和大革命思想。他总是渴慕神的主权，又通过在莱顿教授国家历史而激发了许多学生对历史研究的兴趣。因此，曾为律师且精通这片土地历史的范普林斯特勒追溯至宗教改革的伟大真理，彻底了解了加尔文主义的意义，以历史知识和治国方略努力活出基督徒的身份，并维护国家、学校和教会的改革宗特性。至于教会的改革宗特性，许多人先前曾向荷兰改革宗教会牧长区会提议维持改革宗教义。1835 年，许多与此相关的请愿书提交给牧长区会，但这一重要事项总是被轻易否决。牧长区会不愿介入，认为自己没有能力裁断，声称时机尚未成熟。然而，这一运动仍向前推进。摩瑞牧师（B. Moorrees）于 1841 年向牧长区会提交了一份 8790 个签名的请愿书，请求执行旧的委身签名书，并维持教义。但是，这个重要的问题再次被牧长区会轻易打发了。牧长区会宣布请愿的语调并不得体，但对荷兰改革宗教会不是"自由派"的宣言感到满意，亦对教会有"实质和要点"仍有效力的信仰告白形式的说法感到满意。但它却小心谨慎，没有声明此"实质和要点"到底在何处。

在第二年（1842），许多请愿书再次提交给牧长区会，特别是一份来自七位"海牙绅士"的请愿书。范普林斯特勒是其中的领导者。他们发出了一份涉及联合信条的权威性，牧师的学术教育，基础教导与教会的互相联系，以及堂会牧长议会修正的请愿书。他们宣称牧长区会本身并没有维持教义的实质和要点，反而允许各种错误教义，并含糊其辞。因此，他们要求牧长区会明确且积极地声明，教义的诸要点应是讲道和教育的指引。他们首先希望的是直截了当和清晰明确，这却是牧长区会不能、也不会给的。教会中的不信正逐渐增加，否认基督教真理的情况越发普遍。鉴于此，一场针对请愿者的风暴爆发了。1843 年的牧长区会却被另一方的请愿书围攻，因此只能宣布它恪守 1841 年做出的答复。

1841 年至 1843 年之间，就教会治理制度而言，教会内明显存在两派，即"伦理派"和"司法认信派"（judicial confessional）。"司法认信派"仍然心怀盼望，希望牧长区会最终会为其主持公道。希望却逐渐变得渺茫。降级的运动还在持续。超自然主义派由格罗宁根学派取代，然后"现代派"又登场。那些反改革宗原则的牧师被提名，如 1846 年莱顿的罗格斯·范德洛夫先生（Rutgers van der Loeff），1854 年阿姆斯特丹的梅博姆（Meyboom），1864 年海牙的扎尔贝格（Zaalberg），都得到了理事会的批准。事实上，教义上的自由已被首肯。一般法则中第 2 项条款"维护教义"越发显得误导性。正统派令理事会满意的希望越来越渺茫。

鉴于此，特别是 1854 年之后，越来越多的认信者撤离自身的圈子。他们建立了若干个将彼此联合的团体来坚固自己，从而共同来维护及辩明荷兰改革宗教会的教义和主张。然而在这些认信者中很快再次出现了紊乱。有些人退回自己的圈子中，试图靠着影响会众对信条态度的方式逐渐获得多数支持，从而改变理事会的口吻，并以此方式更新教会。因此，他们希望不再对理事会怀有敌意。诚然，他们认为 1852 年教会法则的修订虽然没有在所有细节上完全体现改革宗和长老会的特性，但它至少优于 1816 年的法则。所以他们并不反对理事会和法则的条款，只是反对不信的观念。他们希望为避免冲突，可以保留荷兰改革宗教会为国家教会，且最重要的是不与她分离。这一派在弗里斯兰省（Friesland）势力特别强大，并得到当时该省教会牧师，就是后来转任阿姆斯特丹教会的牧师沃斯博士（Dr. Vos）的支持。

其他成员则受到范普林斯特勒的影响，他们在 1854 年之后逐渐认为理事会不值得考虑。因理事会本身非法，反改革宗，反信条和教会训诫，所以理应被抵制。对这一派而言，教会与理事会之间，法令守则与教义信条之间的冲突愈演愈烈。他们认为为了忠于信条，如有必要，教会成员甚至应该抨击这些法令。这些法令是令教会不安的罪魁祸首。这个组织如枷锁一般被强加在教会身上，像网一样笼罩其上。教会的改革应包括抛弃这个组织，并用另一个更适合改革宗生活的组织取而代之。

这一派的代言人和领导者是凯波尔博士。他生于 1837 年，之后于 1862 年在贝斯德（Beesd）、1867 年在乌得勒支、1870 年在阿姆斯特丹牧会。

1874 年，他辞去牧职，选择从政。1880 年，他回到阿姆斯特丹，在教堂里任长老，并在人数众多的政党中发挥了强大的影响力。可以说，在乌得勒支之后，他的人生理想就是通过把教会从强加给她的组织中解放出来，改革教会。因深知荷兰改革宗教会内的矛盾，他努力借着把地方教会绑在一起，然后完全脱掉作为枷锁和圈套的强加组织，使地方教会得以独立。

这一运动始于有很多改革宗信仰的坚定拥护者的城市阿姆斯特丹。在堂会牧长议会的正统派成员和"现代派"牧师之间出现过几次小冲突。如果改革可能在某处成功，它应该就在此国家中心，并四散到全国。从 1867 年，就是凯波尔博士着手谈论教会的那一年，直到 1885 年，他全面研究及解释了诸如理事会的非法性、此组织的反改革宗性质、地方教会的独立性、以及摆脱该组织的必要性等问题。当时有很多事情促进了地方教会对自由及自立的向往，其中包括政治圈内对国家绝对主义的反抗，源于父母争取教育自由的斗争，一个特殊团体筹建和建立自由大学，1866 年全国牧长区会将牧师、长老和执事提名权归还地方教会会友，并同年将教会收入的管理权归还给地方教会等。

1885 年，阿姆斯特丹出现了危机。堂会牧长议会拒绝给某些"现代派"牧师的学生写道德品质的推荐信。根据规定，这些人需要推荐信，以便在邻近的"现代派"教会中得到首肯，然后再注册成为他们自己当地教会的会友。区会理事会没有谴责这种拒发行为，但宣称这应基于对这些学生的个人检验来判断。然而，省理事会（于 1885 年 10 月 26 日）命令堂会牧长议会在六周内签发推荐信；不久之后，在 1886 年 1 月 8 日之前，有人向牧长区会代表提出上诉，但却未蒙接纳。

因此，阿姆斯特丹的堂会牧长议会必须做出决定，要么服从决议，要么停职且解雇。它采取了后一方案。与此同时，针对停职和解雇，它采取了一些措施确保教会的收入得以合法保留。阿姆斯特丹可以自由管理。

在此之前的 1875 年 4 月，堂会牧长议会已对教会管理员颁布了一个法规，旨在保护教会收入免受区会、省级区会或牧长区会理事会可能有的违规所带来的侵害，并确保所有教会的收入索取权都应由管理员、堂会牧长议会和会众裁决。在 1885 年最后几个月的斗争中，堂会牧长议会提议调整这一规则，即教会行政代表为了在争议中持守神的话语，有义务遵守任何已被中止、取消或替换的堂会牧长议会。这次对第 14 项条款的变更以 80 票通过，由堂会牧长议会于 1885 年 12 月 14 日采纳。与此同时，区会理事会仍保持警惕，随时了解沃斯博士（Dr. Vos）的一切事情；他是阿姆斯特丹教会的牧师，因此也是堂会牧长议会成员、理事会秘书长。第二天，理事会要求提供 80 名投票人信息，并于 1886 年 1 月 4 日将他们停职，自己承担起"堂会牧长议会之职责"，且于同一天签发了推荐信。与此同时，理事会致函所有荷兰改革宗教会的堂会牧长议会，告知他们这次停职事件，并警告他们不要违反规定。理事会还命令教会司事（sexton）注意被停职的堂会牧长议会成员不得在教会礼堂内聚集开会。

争论的最初原因是推荐信。现在这完全被行政管理问题所取代，即关于合法的堂会牧长议会和教会管理员，以及新教会牧长会礼堂的归属权。这就是几起不愉快，甚至暴力冲突的起因。凯波尔和沃斯与各自的团体站在对立面，每个人都声称自己是正确的，但凯波尔的团体却被击败了。经过长时间审议，牧长区会确认曾于 1886 年 12 月 1 日解雇被停职成员的决定，该决定此前已由 1886 年 7 月 1 日的省级委员会和 1886 年 9 月 24 日的小型牧长大会通过。他们被无限期排除在教会待遇权益之外，不得接受教会职务，无权拥有和管理教会薪酬。

1886 年 12 月 16 日，被停职和解雇的堂会牧长议会成员决定摆脱牧长区会组织架构的枷锁，再次实施多特会议（1618 年）的教会训诫制度，采用荷兰改革宗教会的名称，不再索要现在改革宗教会的建筑和收入，并为此以"哀恸者"教会出现。堂会牧长议会进一步决定重新开始周日的公共礼拜，并将所有已发生的事情传达给教会成员。约有两万名会友与被解散的堂会牧长议会一起离开了。

阿姆斯特丹的冲突在全国各地引起轩然大波，各处的人都对此深表同情。在许多教会中，即使不是所有的成员，至少是其中一部分人，他们同情是因为停职问题。一个改革宗教会代表大会（Reformed Ecclesiastical Congress）于 1887 年 1 月 11 日至 14 日在阿姆斯特丹召开。会上详细讨论了如何摆脱牧长区会的等级制度。是年，许多教会仿效阿姆斯特丹的榜样。1887 年 6 月 28 日在鹿特丹举行的自由（liberated）教会的牧长区会大会议有 71 个教会参加，后来数目增加到 200 个左右。这次大会最早讨论了是否与基督教归正教会（Christian Reformed Church）建立关系，甚至联合的问题。

该教会的成员以截然不同的方式批评荷兰改革宗教会的举动。有些人热情洋溢，对"哀恸者"丝毫不减友好之心，其他人则并不掩饰他们对"哀恸者"的不认可。第三组人认为，尽管双方有各种分歧，但相互联合仍属必要，因为这是神话语所命令的。在 1887 年末和 1888 年初，以及 1888 年 6 月在乌得勒支举行的荷兰改革宗教会大会和 1888 年 8 月在阿森（Assen）举行的基督教归正教会大会期间，两群教会中有影响力之人举行了半官方的谈判，但双方很快就发现严重的分歧显然存在。其中主要分歧有三。

第一个问题涉及基督教归正教会于 1869 年送交给政府的规范守则，教会借此得到政府的承认。这些"哀恸者"教会曾有过被许多规则和牧长区会等级制度约束的经历，因此他们强烈反对这一守则，认为这滥用了合议原则，并以废除它作为合一的必要条件。不过，基督徒归正教会中许多人认为不应顾忌这些反对意见，但也没有人说这些守则乃教会存在和发展所必需的。越来越多人开始承认，其实废除这个守则没有任何损害，也认可教义和教会训诫才是所有教会存在的必要基础。与先前的做法相反，政府在认可基督教归正教会以及保证其教产时，除了上述两点，无需其他顾虑。1891 年的吕伐登牧长区会（Synod of Leeuwarden）几乎一致决定，废除此守则来消除合一的障碍。

第二点分歧涉及改革问题，其性质更为严重。某些堂会牧长议会成员和会众早已从改革宗教会退出。但在 1834 年的分离总运动之后，这些人变得更加孤立了。基督教归正教会逐渐发展成为一个独立的、与荷兰改革宗教会相对的、被固定组织隔绝的教会。"哀恸者"教会不能马上获得此种立场，也没有认为自己是独立的。一切仍在运动发展。在堂会牧长议会的领导下，偶尔仍有或大或小的群体脱离改革宗教会。他们仍然希望能够解放所有人，或者至少解放更多的地方教会。因此，他们不能完全脱离荷兰改革宗教会，然后自行组织；而是认为他们不是站在教会本身的对立面，只是反对强加于它的组织架构。他们偶尔仍希望再次通过法院的判决获得教会收入。他们不会说自己已经分开了，但只是"哀恸者"。这意味着他们是与以前完全相同的会众，只是已经摆脱了牧长区会的枷锁，回到古老的教会治理体制，然而，他们的真实立场在一段时间里被忽视，因此被称为"哀恸者"。在某些情况下，这种感觉非常强烈，以至于他们只建造木制教堂，始终称当地荷兰改革宗群体的所有成员为教会会友，且帮助穷人。

时间积累经验。这些理想逐渐破灭。"哀恸者"的行动也有显出果效的一天。那些留在各地牧长区会组织下的人把教会收入分派给他们。解放所有教会的盼望被阻挠了。那些留在荷兰改革宗教会的人与那些支持"哀恸者"运动的人之间的隔阂变得越发明显。这种差别显然更多的是理论上的，而不是实践上的。它的重要性江河日下。因此，早在 1892 年，两教会在教义和教会训诫制度的基础上彼此合一，但改革的问题仍然悬而未决。他们之间的差异确实不复存在。基督教归正教会放弃了他们的合议规则，"哀恸者"教会承认自己是真正分离的教会。自 1892 年以来，它们共同取名为荷兰地区归正教会（the Reformed Churches in the Netherlands），约有 700 间教会，35 万会友，550 位牧师。

第三个区别关于追求牧养事工的学生所要接受的神学教育。基督教归正教会于 1854 年在坎彭创办了自己的神学院，并得到了极大的祝福。学院有一个与之关联的文科中学（gymnasium）。该校有五年制课程，独立组织，有 5 名教师和 60 名学生。神学院开设了四年制课程（1 年预备班，3 年神学），有 5 名教授，2 名讲师和 68 名学生。两所学校均由教会创办和支持，由教会的管理者监督，管理者也由教会任命。

然而，"哀恸者"教会自 1887 年以来一直与自由大学相联。这所大学属私立。在 1880 年，这些创立者全都来自荷兰改革宗教会，不过学校完全没有教会性质。这所大学以"改革宗原则"（Reformed principles）为基础。[7] 它本身没有必然理由与"哀恸者"相联，但它的教授都是"哀恸者"的领袖。自由大学所审核的神学生无法获得教会的呼召，而"哀恸者"的教会需要牧师。因此，它们之间有了关联。1891 年，它们建立了松散的联系，并以教会名义任命了代表，以此监督学校的改革宗特性。

它们于 1892 年缔结合一时，这些联系得以维持，所有教会都承认坎彭的神学院为自己的机构。它是否应与另一个机构联合的问题被推迟日后解决。在 1893 年的多特牧长区会会议（Synod of Dordt）以及 1896 年的米德尔堡牧长区会会议（Synod of Middleburgh）上，有人试图合并这两个机构，但未成功。后来，该问题再次被提出。1899 年 8 月，在格罗宁根举行的牧长区会会议上仍维持现状。合并两所学校似乎不可能，但分离肯定是某种倒退。每个机构代表一个不同的团体，这使他们彼此有了恒久的差异，延续了分离者和哀恸者不同的历史传统。因此，它们不利于教会的联合和成长。

---

[7] 编注：阿姆斯特丹自由大学的成立有两个目的。第一，它要在改革宗和加尔文主义原则的基础上实践纯粹的基督教学术研究。第二，它要成为一所训练性学校，培养领袖领导荷兰的改革宗团体。Van Deursen, *The Distinctive Character of the Free University in Amsterdam, 1880-2005*, xiii.

在几次每三年一次的牧长区会会议上，有人不断尝试合并这两个机构，但最后都没有结果。虽然它们之间的对抗越来越少，特别是有两个坎彭神学院的教授被任命为阿姆斯特丹自由大学的教授，以及一个自由大学的学生在坎彭神学院担任教理学教授，但每个学校仍然代表不同的团体并保持"分离者"和"哀恸者"的历史传统。因此，很多人希望这两个机构能在以后几年内完成合并，特别是因为这两个机构的开销太大，教会难以维系。

虽然这些改革宗教会拥有大量的信徒，并发挥着无可争议的影响力，但他们必须谨慎，以免高估自己。目前，荷兰人口已超过 550 万。原先的荷兰改革宗教会大约有 220 万会友。许多人仍然非常热情地支持这个教会。她受"哀恸者"运动的影响很小，反而受其刺激，比以往更加活跃。然而，她自身内部仍有很大分歧，因而未对人民产生与拥护者人数成正比的影响力。至少有四个团体在地方教会和不同的理事会中争夺最高权力。他们的分歧不仅在教会治理和训诫这些次要问题上，更在教义和信仰的主要问题上。在圣经的权威，基督的位格和工作，圣灵的位格特性和影响，罪和恩典，以及整个基督教概念上，都有最广泛的意见分歧。荷兰改革宗教会是个自相纷争的国度，她只是通过财政和法律纽带来维持其大机构的运作。

荷兰改革宗教会之后便是罗马天主教，其人数不少于 160 万。尽管这个教会就内在成长、影响力和活动方面都取得了进展，但她的会友数量并没有新教那种程度的增长。根据最新统计数据，罗马天主教徒不再像以前一样，占人口的五分之二，而是约占三分之一。此外，这个国家还有大约 10 万名犹太人，6 万 5 千名路德宗信徒，2 万名路德宗分离派信徒，1 万 5 千名阿米念派，5 万 3 千名门诺派等。所有这些群体，即使是犹太人，都得到政府不同程度的财政支持；每年给所有教会的援助总额达两百万荷兰盾。只有归正教会和一些非常小的团体，如大公使徒派（Irvingites）、摩拉维亚弟兄会（Moravians）等，没有得到资金支持。

人们不断大声疾呼，要求以法律方式切断教会与国家之间的此种财政纽带，并关注从前赋予教会的任何获得这种援助的权利。但是，这些呼声没有得到太多的支持。在接下来几年里，实现这种财务分离的可能性并不大。有时人心恐慌，人们害怕激进党势力不断壮大，会像他们在法国那样，以暴力和不公正的方式切断这个纽带。

如同在其他地方，背离古老的基督教信仰在荷兰迅速蔓延。有时人们似乎会做出回应，害怕在否定（信仰）的道路上进一步迈进。然而，时代的潮流总体上正偏离基督和祂的十字架。人崇拜人，尊拜天才和物质，夸口拥有了绝对繁荣，支持过去和将来之间的进化论。这一切都是我们这时代的特点。异教世界中宣教工作的发展对文明世界中的背道算是微小的安慰。在文明世界中，成千上万的人背弃基督教，甚至信仰佛教和伊斯兰教、精神主义和通灵，宣教工场上却只有成百上千的人在真理中归信基督教。我们却心怀盼望。因为尽管地狱肆虐，却不是某个人托住教会，而是基督。祂也是本世纪的君王，祂必作王，直到祂把所有仇敌都踏在脚下。

第五章

加尔文主义不是唯一真理：赫尔曼·巴文克的美国印象

乔治 · 哈林克（George Harinck）[1]

1892 年 7 月 22 日，两名荷兰神学家在鹿特丹港经过海关，启航前往美国，进行为期三个月贯穿美国和加拿大的旅行。他们两人都是位于坎彭的荷兰归正教会神学院（Theological School of the Gereformeerde Kerken in Nederland at Kampen）的教授。根据护照信息，他们的姓名和出生年日是：杜威·维伦加（Douwe Klazes Wielenga），生于 1841 年 8 月 22 日；赫尔曼·巴文克，生于 1854 年 12 月 13 日。

他们都是教授，但这并不意味着他们是显赫的荷兰公民。巴文克和维伦加都来自 1834 年与国立教会分裂的群体，一群简单而最初低微的改革宗人士。1561 年的《比利时信条》、1563 年的《海德堡教要理问答》和 1618 至 1619 年的《多特信条》这样的经典文本明确表述了他们坚定的信仰。他们的虔诚与圣经紧密相关。他们受训用加尔文主义的历史和教义进行斗争，熟悉压迫，并相信自己是蒙拣选之人。

这两位改革宗教授的旅行与 19 世纪下半叶荷兰人大量移民到美洲，以及由此产生的跨大西洋的教会关系不可分割。自 17 世纪以来，荷兰改革宗教会与美国荷兰改革宗教会之间一直有联系，但后来关系被冲淡了。然而，

---

[1] 编注：乔治·哈林克为坎彭神学院档案文献中心主任，同时是阿姆斯特丹自由大学历史教授，也是该大学荷兰新教历史文献中心主任。本文译自 George Harinck, "Calvinism Isn't the Only Truth: Herman Bavinck's Impressions of the USA," Paper presented at the The Sesquicentennial of Dutch Immigration: 150 Years of Ethnic Heritage, Hope College, Holland Michigan, 1997. 感谢盼望大学（Hope College）及哈林克教授授予翻译许可。

始于 1846 年流向美国的移民大潮改变了这种情况。原有的关系得以恢复，特别是移民中有些主要定居在新泽西、密歇根和爱荷华州的几组分离者加入了美国荷兰改革宗教会。

这些荷兰分离者是数以百万欧洲移民中的一个特殊群体，除了更常见的经济和社会动机，他们的移民还有直白的宗教原因。他们来到新的世界宣告自己的宗教自由。他们向原有的美国荷兰改革宗教会注入了新鲜而坚强的血液，并提供了与荷兰新的教会和神学上的联系。因为他们对限制性自由很敏感，并重视特定的宗教和道德观点，所以这些分离者并不容易适应美国荷兰改革宗教会，并接受其传统。由于这种摩擦，他们于 1857 年建立了一个分离的教会：基督教改革宗教会。直到今日，我们尚未明白这次分裂的原因和动机，但对这些的评估必须考虑荷兰的宗教背景和教会的联合。

在荷兰的分离者教会从未厘清基督教改革宗教会和美国荷兰改革宗教会之间的原则差异。虽然最终大多数分离者移民加入了基督教改革宗教会，但他们的母会从未在荷兰裔的那些美国教会之间做出明确选择。这种优柔寡断与试图弥合这次分裂有关。当巴文克和维伦加于 1892 年访问美国并在这两个教会讲道时，双方正在进行新的谈判。

由于移民的分离者中这些教会方面的复杂情况，特别值得注意的是，在 1892 年 6 月，就是这两位神学家离开美国前的两个月，荷兰的分离者教会与 1886 年成立的哀恸者的教会彼此联合。哀恸者的教会是荷兰改革宗教会内第二次以归正形式出埃及的结果，这次有亚伯拉罕·凯波尔博士（1837-1920）为他们的摩西。巴文克曾是这次教会合一谈判的分离者教会一方的代表。不久前，即 1892 年 4 月，巴文克曾在美国神学期刊《长老会与改革宗评论》（*The Presbyterian and Reformed Review*）中写道，谈判的结果尚未确定。但在 6 月，双方成功联合。巴文克之后写道："与大众期望的不同，尽管诸多外界人士对此有盼望或公开反对，双方还是缔结了合一。"[2] 来到美国时，他也为美国的改革宗人士带来了希望。尽管有许多来自内部

---

[2] Herman Bavinck, "The Future of Calvinism," trans. Geerhardus Vos, *The Presbyterian and Reformed Review* 5, no. 17 (January 1894): 1-24。编注：中文译文见第三章。此处引文为 58 页。

的反对，奇迹同样会在美国发生，正如约翰·克罗姆明加（John Kromminga）所说，任何一方都不会在祭坛上抛弃对方。[3]

　　除了 1892 年的合一，在其他方面，美国的改革宗人士也可以把荷兰作为榜样，因为事实上，在 1900 年之前，他们在教会和神学上一直都依赖荷兰。例如，巴文克的两名美国朋友亨利·多斯凯（Henry Dosker）和霍志恒（Geerhardus Vos）都是荷兰后裔，他们分别在位于美国荷兰市、隶属美国改革宗教会（Reformed Church in America）的西部神学院（Western Theological Seminary），和位于大急流城的基督徒改革宗教会（Christian Reformed Church）的神学院担任神学教授的要职。这种荷兰的主导力量绝非偶然。在前几年，赫尔曼·巴文克的父亲曾两次被任命为大急流城神学院的教授，他两次都拒绝了邀请。然而在 1892 年 7 月，维伦加被任命为这所学校的第四位教授。他访问美国，想要跟密歇根州的改革宗人士会面，

---

[3] 有关 19 世纪 90 年代早期一些想要联合基督教改革宗教会和美国荷兰改革宗教会的失败案例，请参阅：John. H. Kromminga, 'Abandoned at the Altar', in *The Dutch and Their Faith*. Immigrant Religious Experience in the 19th and 20th Centuries, Proceedings of the 8th Biennial Conference of the Association for the Advancement of Dutch American Studies, September 20 and 21, 1991, 71-84，特别在 81 页："在许多地方，特别是在荷兰，一些旧的伤口正在得以愈合，很多联合正在发生，这在几十年前似乎是不可能的。除了认为 Steffens、Beuker、Vander Werp 以及 Keppel 之类非常愤世嫉俗又颇具心计，或完全天真之外，唯一的可能就是让他们有幸得出结论，他们其实渴望本为一体的信徒得以合一，并因分离者和哀恸者的合一而心得安慰，并在无望中仍指望发生某个可以解决分歧并结束分离的奇迹。"

在巴文克和维伦加回到荷兰后，凯波尔在《先锋报》（*De Heraut*）上写了一篇以缓和态度论共济会的文章，而根据基督教改革宗教会的说法，美国改革宗教会不应容忍共济会。美国这边很多人怀疑是巴文克和维伦加影响了凯波尔对共济会进行更严谨的判断。因为他们觉得存在怀疑的理由。基督教改革宗教会的人要求巴文克和维伦加在美国教会这些纠纷中陈明立场。"我们有其他需求。我们需要巴文克和维伦加弟兄对我们教会事务的印象作出公开和明确的陈述。他们会将这一印象传递回荷兰。在这件事上，我们自认为跟荷兰的分离者立场相同。得知荷兰方面质疑我们的立场时，我们十分痛心。我很高兴看到弟兄们来到基督教改革宗教会和美国荷兰改革宗教会中，并且我内心希望她们将来有可能会有一种重新合一的方法。我在美国渴望看到它，就像我在荷兰曾渴望的那样。" Letter to the editor from N. Kuiper, Grand Haven, MI, *De Bazuin*, March 24, 1893. 作为回应，维伦加宣称凯波尔已经发表了自己的个人观点，他也说如果有必要，巴文克也会说明自己的看法。*De Bazuin*, March 31, 1893. 然而，巴文克保持沉默。

借此最终确定是留在坎彭还是移民大急流城。[4] 虽然今天只有巴文克是众所周知的神学家和历史人物，但一个世纪前，基督教改革宗教会的人更感兴趣的是维伦加。

这种荷兰取向因凯波尔和巴文克所领导的荷兰加尔文主义复兴，在 19 世纪末又加强了。巴文克称这所谓的新加尔文主义是"一次具有特定品质和独特面貌的运动；这些品质和面貌不仅存于教会和神学中，而且也体现在社会和政治生活、科学和艺术上。这种加尔文主义的根本原则是宣信神的绝对主权。"[5] 在无信仰的黑暗中，新加尔文主义是一座灯塔；不仅对荷兰改革宗移民是如此，对普林斯顿神学院的长老会亦然。[6] 其次，这种荷兰取向也因加尔文的子女无法适应美国自然文化的事实得以加强。之于美国人，新教在本质上与宗教权威决裂，并且可以自由地相信自己所喜好的。加尔文的预定论将他变成"一个威权的神权主义者，宣扬一位威权和专制的神。这位加尔文威胁到了自由。……因此，加尔文成为了无法容忍的肖像。"[7] 自16世纪以来，对加尔文的史料编撰一直被这种夸张性描述所毒害，因此在某种程度上阻碍了基督教改革宗教会移民会友的美国化。

虽然巴文克和维伦加的旅行与分离者移民密切相关，但巴文克真正的目的地并不是移民的圈子，他和维伦加沿着不同的道路穿过了美洲大陆。巴文克访问美国，主要是以新成立的荷兰地区归正教会（Gereformeerde Kerken in the Netherlands）的代表身份，出席 1892 年 9 月 21 日至 9 月 30 日在多伦多举行的坚守长老会系统的改革宗教会联盟（Alliance of the Reformed Churches Holding the Presbyterian System）第五次全体会议。9 月 22 日，他在多伦多发表了题为《宗教改革对社区和国家之道德和宗教状况

---

[4] 1892 年 11 月初，维伦加在经过艰难的考虑后，决定拒绝这个邀请。*De Bazuin*, November 11, 1892。在 1892 年 11 月 30 日，*De Wachter* 刊登了他拒绝邀约的信。1893 年 5 月，由于霍志恒去了普林斯顿神学院，维伦加再次被邀去大急流城任教。在 5 月 26 日，维伦加告诉教职员工和学生，尽管他想尽力满足美国的事工需要，但仍拒绝这次邀请。*De Bazuin*, June 2, 1893。

[5] Bavinck, *Future of Calvinism*, 3. 编注：见第三章 59-60 页。

[6] George Harinck, "Our history is not without Parallels," Reacties uit gereformeerde kring in Nederland op het ontstaan van Westminster Theological Seminary te Philadelphia', *Radix*, XXIII (March 1997) :44-50.

[7] Thomas J. Davis, "Images of Intolerance: John Calvin in Nineteenth-Century History Textbooks," *Church History*, LXV (June 1996) :246.

的影响》（ *The Influence of the Protestant Reformation on the Moral and Religious Condition of Communities and Nations* ）的演讲。

不管在荷兰还是美国的改革宗圈子里，去参与这次宽泛会议的行动并非不证自明。[8] 巴文克对是次会议宽泛范围的危险并非视而不见，并认为联盟的普世理想的目标过高。但是，他的结论还是积极的："建立所有改革宗教会的协会或团体的想法听起来很美好，很荣耀。这便足以使我们关注并支持这个联盟。"[9]

在巴文克出席会议之前，他有六个星期的时间去探索美国，接触美国人。在此期间，他有三周与他的学术朋友霍志恒在一处，与他的校友多斯凯度过了另外三周。巴文克与二位深交，绝非只因他在 1892 年前后与他们定期的书信往来，还有他从霍志恒与多斯凯处获悉许多关于美国的事务，特别是教会和神学方面。巴文克在多伦多会议上演讲之后，又有两周时间去探索美国。他参观了尼亚加拉大瀑布，并沿着哈得逊河（Hudson River）旅行，又拜访了普林斯顿神学和本杰明·沃菲尔德（Benjamin B. Warfield）教授。他与维伦加在东部会合，并于 10 月 5 日一起离开纽约回国。回到荷兰之后，巴文克为他的美国之旅开了一些讲座。阿姆斯特丹的巴文克档案中，除了一些他在美国做的笔记，还包含了其中一场讲座的讲稿。[10]

当我们想问赫曼·巴文克这两个月对美国有何印象时，首先必须明白他是哪类人。作为一个年轻的分离者，在所有的大学中，巴文克选择在莱顿大学学习神学。这所大学被其他分离者视为邪恶之地，并且在莱顿，他是唯一坚持改革宗原则的神学生。这所神学院自鼎盛时期以来就被誉为现

---

[8] 例如，请参阅 W. J. de Haas 反对荷兰归正教会（Gereformeerde Kerken）派代表参加此次多伦多会议。*De Bazuin*, December 2, 1892. 有趣的是，1892 年 6 月 15 日，马太博士（Dr. G. D. Matthews），作为持守长老会系统的改革宗教会联盟的代表，参加了荷兰归正教会（Gereformeerde Kerken）的会议，巴文克是他的翻译。马太博士是改革宗教会联盟的秘书长。

[9] H. Bavinck, "Het Concilie van Presbyteriaanse Kerken te Toronto", *Stemmen voor Waarheid en Vrede*, XXX (1893): 928.

[10] H. Bavinck, Mijne Amerikaansche reis. Archief-H. Bavinck, Historical Documentation center for Dutch Protestantism (1800-present), Free University, Amsterdam. 这很可能是巴文克于 1892 年 10 月 21 日在坎彭教职工会上发表的演讲。见 Notulen docentencollege, 17 September 1889 - 16 June 1893, 253-254. Archief- Theologische School van de Gereformeerde Kerken in Nederland, Municipal Archives, Kampen.

代神学的堡垒。四十年前，分离者领导人亨德里克·斯霍尔特（Hendrik P. Scholte）和艾伯图斯·范拉尔特（Albertus C. van Raalte）已与这所大学及其神学院决裂。然而，巴文克在这里习得了他的专业态度，并学会了尊重对手和不同的神学观点。他仍然忠于分离教会。虽然有其他教席的邀请，但是他在 1882 年成为位于坎彭的小神学院的教理学教授。

在担任教授的第一个十年，巴文克收集了撰写《改革宗教理学》（Gereformeerde dogmatiek）的材料，并于 18 世纪 90 年代以四卷本面世。此书成为巴文克享誉国内并蜚声国际的一个主要原因。这是一部权威著作，一直被使用至今。在其面世一百年后的现在，要计划出版英文版。[11] 著名的基督教改革宗教会牧师，坎彭学校的校友范德伦（Idzerd van Dellen），在他的自传中描述他在坎彭的那些老师："我们从每个人身上都学到了东西。但巴文克的水平远胜他人。他是一位独特的学者和讲演者。"正如 19 世纪 80 年代霍志恒在大急流城的短暂时期，推动了以学术性建造改革宗神学。巴文克同样提升了坎彭学校的水平，但他的成就更加卓越。范德伦赞扬在其学生时期巴文克的校长就职演讲为 "荷兰基督教改革宗教会历史上的一个转折点"，这并非夸大其词。称其为转折点的原因有二：巴文克把神学性残缺的课程建立在优良的改革宗基础之上。正如荷兰牧师、巴文克的学生巴斯克（J. J. Buskes）博士所说，巴文克想借此 "综合特定的改革宗和普遍的基督教，特定的基督教和普遍的人性。"[12] 乔治·普卿格（George Puchinger）在提到巴文克的著作和精神时写道："历史中具有讽刺意味却又不可否认的是，新教教理学中最普世的（ecumenical）作品出自坎彭；而在那里，神学却以最孤立的方式被宣扬！"[13] 在分离者的圈子里，巴文克

---

[11] Herman Bavinck, *The Last Things: Hope for this World and the Next* (Paternoster Press, Carlisle, 1997). 这是全四卷本《改革宗教理学》翻译项目完成的第一本，由约翰·弗兰德（John Vriend）翻译，约翰·博尔特（John Bolt）主编。有趣的是，在 1930 年，一个年轻的改革宗牧师亨德里克森（W. Hendriksen）和施密特出版公司（Smitter Book Company）宣布开始了一个类似项目。亨德里克森已经翻译了巴文克《改革宗教理学》的第二卷神论，并且想要把其他三卷也翻译完。但因经济形势恶化，这本书一直到 1951 年才由 Eerdmans 出版公司出版。

[12] Dr. J. J. Buskes in: G. Puchinger, *Hervonnd-gereformeerd, een ofgescheiden?* (Delft, 1969), 305.

[13] G. Puchinger, 'Bavinck en de volkshistorie', *Ontmoetingen met theologen* (Zutphen, 1980), 113.

有非凡的表现。他受学生们喜爱，因专业素养而被教会尊重，却因公开批评圈子里狭隘的思维和教派情绪而无法获取信任。

因此，巴文克全然是一位改革宗学者，但同时对大公基督教、现实文化趋势和现代生活都持开放态度。作为一位加尔文主义者，他在 1894 年《长老会改革宗评论》（*Presbyterian and Reformed Review*）的一篇文章中解释说："他们不想，也不愿回到旧时那样。他们衷心地接受宗教和良心的自由，以及法律面前人人平等。……他们争取进步，摆脱僵死的保守主义的致命怀抱，并像以前一样，成为每一个运动的领导者。"[14]

或许在地方性的坎彭，一个人可以把自己幻想成世界上的征服者。无论如何，从艾塞尔（IJssel）河边亲切地观望现代文化也无伤大雅。但是，巴文克在美洲大陆的所见所闻又是怎样呢？

与六年后访问美国的亚伯拉罕·凯波尔不同，赫尔曼·巴文克是个现代型的旅行者。他明显不以自己的文化为所见所闻的检验标准，反而主要是为了发现差异和特殊性。巴文克试图认真了解美国的文明并评估其价值。这种面向文化相对主义的开放性表明了巴文克是一个现代人。[15] 在巴文克档案保存的美国讲座中，他分别区分了社会和自然地理，社会和文化生活，以及道德和宗教生活。

正如在他之前许多人所做的，巴文克注意到欧洲和美国之间的差别。他经历了美洲大陆那不可思议的土地面积："一个人可以一直日夜旅行。我们不理解这种广袤。"作为一个受过教育又会思考的欧洲人，他不欣赏边疆文化："像纽约这样古老而欧式的城镇，可能或多或少是与众不同的。但是越往西走，你对新建但未完成之城镇的印象会越深刻。……一切都刚初具规模，但尚未完全发展。……这里没有历史或诗歌。"哈德逊河（Hudon River）令他想起了在 1886 年他与霍志恒一起旅行过的德国莱茵河，但"此处并不浪漫"。[16]

所以巴文克对这个新世界感到惊讶，但肯定不是消极的。例如，他对美式房屋有很正面的印象。它们比荷兰的房子更通风、令人愉悦、宜人、

[14] Bavinck, Future of Calvinism, 13. 编注：见第三章 70 页。

[15] Cf. Hendrik Spiering, 'Waarom zou je naar zekerheden zoeken?' Interview with Prof. Dr. P.W. Klein, *NRC/Handelsblad*, 18 January 1997.

[16] 毋庸置疑，巴文克和霍志恒都谈论过此事。1892 年 8 月 23 日，在荷兰市马卡塔瓦公园酒店举行的欢迎巴文克和维伦加的宴会上，活动宣布霍志恒会发表《美国生活中的诗歌》的主题演讲，但他没能成行。*De Bazuin*, 16 September 1892.

多样。美国的房屋由经济而简单的浅色家具布置，因此相较于荷兰式客厅，这里的家具较少给人严肃庄严的印象。

巴文克把那时荷兰还未有的摇椅作为美国文化中活跃但紧张之特质的象征。照巴文克所言，这种特质解释了大多数男人肌肉发达但骨瘦如柴、头发早灰的原因。他并没有见到很多英俊的男人。但是在 1892 年，女性很显然较少受到美国文化焦虑特征的影响。他这样描述女性的美貌："身材苗条高大、匀称且有魅力，举止自由，雪白的肤色、深棕色头发、深色眼睛和眉毛，所有这些造就了一个出色的女性体态。"巴文克对她们在社会中不受束缚的地位感到惊讶。他写道："她们尽情地旅行、骑自行车、健身、集会、演讲、主持、管理和治理。"他的印象是，在这个新世界中，享受自由和繁荣的女性通常感觉比缺乏交流和交际之舒适感的男性更惬意。

让我们忘掉女性之美。作为一位神学家，巴文克当然对美国生活的知识层面更为关注。他也发现，即使在教育和宗教方面，自由和个性（individuality）也十分突出。这里有许多公共图书馆，教育也面向所有人。但是，尽管有这些积极的方面，巴文克的看法是，研究的广度超过了它的深度和周密。宗教亦然，它吸引美国人民。分离者巴文克也诧异于人们对正统基督徒的尊重。在美国，正统的信徒不是贱民或愚民："人们静默地听街上传教士的宣讲。"尽管如此，他还是留意到知识和宗教的普及所产生的几个明显不利因素："没有促进对严谨学术研究的尊重。这是一种否认天才和思想之尊贵的民主。"美国人希望讲道首先要妙趣横生，并且纵使这里有许多教会和教派，却缺乏教会是一个社群的观念。巴文克很奇怪美国人有宗教信仰，但宗教却不是美国人的全部。

拓荒者心态在整个美国社会都很典型，精神生活亦然。这让巴文克明白，美国人并不怕绝望和痛苦。他们生活的观念是人们可以影响自己的命运。他在旅行日记中写道："这里有信仰、盼望、神奇的乐观、强烈的利他主义。每个人都相信生活会改变，更加美好，每个人在世都可以拥有某种美好生活。……公民体面的生活方式向所有人敞开。问题在于，很多人反倒阻碍自己进入此道。"这种态度让巴文克明白了美国对酒精和烟草的反抗，以及普遍存在的强烈道德感。这种生活观不仅说明了美国文化平庸和肤浅的一面，而且说明了美国宗教信仰的特征。巴文克并不讶异，美国对卫理公会比对加尔文主义更开放。加尔文主义适合那些历经许多困难和绝望而得救，紧紧抓住神拯救之恩的人。[17]

有趣的是，与亚伯拉罕·凯波尔相比，巴文克没有从这些观察中得出一个他圈子中的普遍结论：加尔文主义是更优的宗教，而美国的基督教世界则是次等的。[18] 巴文克只是想知道如何以一位加尔文主义者的身份思考美国的宗教信仰。他承认，加尔文主义"神之主权"的原则并不吸引自力更生的美国人。他听闻没有传道人会思考拣选和弃绝。不是加尔文主义，反而是卫理公会有那种几乎与自由、进步和道德完美性的美国文化观念相契合的虔诚。[19] 新加尔文主义一直严厉反对卫理公会，基于后者片面关注悔改归信，或浅薄、激进主义和宗派主义等各类原因。巴文克在 1888 年提出反对卫理公会的原因：卫理公会缺乏一种持续连贯的神学性世界观和生活观。[20] 1894 年，他在一本美国期刊中解释道："然而，这种加尔文主义原则太普遍。因此，它也十分丰富，并硕果累累，以致无法将其影响力只限定为产生了宗教和神学领域中的一个特定类别。它带来了视世界和生活为一个整体的特定观点。"[21]

尽管有这种神学上的反对意见，但巴文克避免了对美国基督教世界作出负面判断。他对 1892 年旅行所做的一次讲座如此结尾："毋庸置疑，亚米念主义和卫理公会存于美国基督教世界之中。这里面有很多欺骗。但我

---

[17] 奥伯曼（H. A. Oberman）把拣选和预定这些加尔文主义的代表性教义的发展，置于巴文克所提到的 16 世纪充满逼迫、压迫、驱除的历史处境。他也提到了在历史处境和当下处境之间的鸿沟。"在那漫长的流散路上，从斯特拉斯堡和日内瓦到海德堡和多特，再到莱顿和乌得勒支（Utrecht），到分离派（Afscheiding）和哀恸派（Doleantie），人们的视野从逼迫转到了进步。巨大的鸿沟的出现不仅是因着启蒙运动或法国大革命，而且也由于欧洲基督徒文明的宣教性输出，以及基督教学校和大学在国内的建立。" Heiko A. Oberman, *De erjenis van Calvijn. Grootheid en grenzen* (Kampen, 1988), 48.

[18] George Harinck, "Drie Nederlandse theologen zien Amerika," *Transparant,* VI (November 1995): 4, 34-42.

[19] Davis, *Images of Intolerance*, 241.

[20] J. Veenhof, Revelatie en inspiratie. *De openbarings- en schriftbeschouwing van Herman Bavinck in vergelijking met die der ethische theologie*, Amsterdam, 1968, 353-355. For Dutch reactions on Methodism, see: P.L. Schram, "Methodistica in Nederland," in: *Documentatieblad voor de Nederlandse Kerkgeschiedenis na 1800*, XIII, November 1990, nr. 33, 17-47.

[21] Bavinck, *Future of Calvinism*, 5. 编注：见第三章 61 页。

认为我们最好吸收并效法美善之事，而不是全然谴责声讨。得见众多美好之事后，我们不会不假思索地批评。还是让美国基督教按照自己的规律发展吧！神赋予了美国一个崇高而伟大的呼召。让它以自己的方式实现这一目标吧！毕竟，加尔文主义并非唯一真理。"

他的观众想必是坎彭学校的教职员，听到这最后几句话，尤其是最后一句——"毕竟，加尔文主义并非唯一真理"——他们一定错愕不已。若有任何事物对他们而言是不言而喻且神圣的，并且被不断重复的，那就是改革宗教义就是真理（the truth）。这意味着其他教义都为错谬。我们这些自认为了解新加尔文主义之人也想知道，这究竟是巴文克的笔误，还是我们必须另寻他径去解释这个结论？

我们绝不能误解巴文克。他认为加尔文主义有种相对性这一事实，并不意味着他是一个心不专一的加尔文主义者。在 1892 年多伦多会议上谈及加尔文主义时，他对加尔文主义十分肯定，捍卫它是万民生命中的道德力量。他说："加尔文主义是唯一一个对世界和人性前后一致的神学观点。"[22]

但鲜为人知的是，在同一段赞词中，巴文克也对加尔文主义的实践提出了一些批评意见[23]，正如他在 1888 年发表的关于基督教和教会之大公性的院长致辞中所做的那样。彼时，他批评分离者移民到美国成了自己圈子里舍弃社会的分离主义趋势的记号。[24] 尽管巴文克在多伦多承认"此种加尔文主义的严格主义源于渴望将一生献给神"，但是他认为这种极端主义"难免有夸大其词之咎"。他严词谴责道："加尔文主义时常否认并扼杀自然之事，有时会滋养一种情感的冷酷，一种内心的冷漠，以及一种无法

---

[22] H. Bavinck, "The Influence of the Protestant Reformation on the Moral and Religious Condition of Communities and Nations," Proceedings of the Fifth General Council of the Alliance of the Reformed Churches Holding the Presbyterian System (London, 1892), 50.

[23] 在全面复述巴文克演讲时，Hepp 省略了这些评论。V. Hepp, *Dr. Herman Bavinck* (Amsterdam, 1921), 215-218.

[24] 对比特博士（Dr. Henry Beets）而言，这种观点过于消极。他承认施霍尔特（H. P. Scholte）牧师的一些出版著作透露出某种"绝望性消极"的精神。"但我们不相信绝大多数我们的先辈持这种观点。" *The Banner*, 20 April 1922.

给人良好印象之判断的苛刻。它往往压制并扼杀道德生活中的自由、和蔼和自发性。"[25]

巴文克选择提及这些反自然的特征，因为它们正是许多人与基督教决裂的原因："许多人认为宗教是人类思想最大的疾病和异常。"在此背景下，巴文克谈到了加尔文主义的一个严重危机："基督教和加尔文主义面临的问题是：它们真正意义上是否为大公性和普世性；它们是否能适应所有地区和环境；它们的用处是否只局限于过去，或有可能延伸到未来；在这个权力的世纪中，它们是否还能在越来越与宗教分离的文明前站立得住；它们是否能跟过去一样，在将来也成为人类的祝福。"[26] 因此，在讨论加尔文主义的几项弱点时，他也为它的优点辩护。在他看来，这一事业首先并非受到现代科学、卫理公会或任何来自外界危险的威胁；它乃是受加尔文主义者的无情和反自然的态度所威胁。他认为，加尔文主义必须是普世性和大公性的，否则就不再是加尔文主义。

巴文克相信加尔文主义的活力，也确信加尔文主义将在这场危机中保全。为达此目的，这些弱点需要被严辞拒绝，并且必须为传统中更新的多元形式和开放性创造更多的空间。这种要求并非源于排他性。巴文克的目的也不是为了扩大加尔文主义，以致它吞没整个基督教。他认为，尽管加尔文主义是最纯粹的宗教，但它"从不假装是唯一真正的基督宗教。加尔文主义甚至承认教皇体制下的教会是基督宗教和教会（religio et ecclesia Christiana）。它对洗礼广泛温和的认可表明，它从未否认基督教的大公性。加尔文主义是一种特定的、最丰富、最美丽的基督教形式，但它并非与基督教本身同样辽阔。"[27] 基本上，巴文克要阐明的是，否认我们自身所在的基督教群体的腐败是错谬的，否认其他群体中也有基督教之痕迹也同样错谬。这正是巴文克所期望的成熟的加尔文主义。

为什么巴文克对新世界的印象和想法，之于新加尔文主义世界和在荷兰的研究美国的圈子而言会如此模糊？在我们这个世纪，新加尔文主义大公特性的柔弱以及对内部差异的尊重常被圈内人和外界人士谴责。当我们

---

[25] Bavinck, *Influence of the Protestant Reformation*, 54, 53. 关于加尔文，巴文克给予很高的赞誉，但他仍做出了类似评论。有关巴文克对加尔文看法的简述，见 J. Veenhof, 'Calvijn en Bavinck', Opbouw, III (10 July 1959), nr. 15, 122.

[26] Bavinck, *Future of Calvinism*, 21. 编注：见第三章 77 页。

[27] Bavinck, *Future of Calvinism*, 23, 24. 编注：见第三章 79 页。

意识到这些时，更觉惊讶。主要原因可能是，巴文克没有写任何关于美国的书，而凯波尔写了两本。巴文克传记的作者赫普（Valentijn Hepp）对巴文克美国之行的负面描述对此毫无裨益。结果，从未有人研究过这个事件插曲。[28]

我们也必须明白，赫尔曼·巴文克与亚伯拉罕·凯波尔不同，前者对美国以及同时代的新加尔文主义有如此令人困惑却鼓舞人心的评语。但与凯波尔相比，巴文克的观点更加现实且平衡，这就是他的评语让人印象可能更持久的原因。巴文克的思想给人的印象是很现代的，主要是因为在所处理的问题上，他对解决方法并不感兴趣，而是对问题本身感兴趣。巴文克不是想让人支持他，而是在寻找对话伙伴。除了反思那些以异象和行动让我们印象深刻的改革宗领袖，如莱特（Van Raalte）、施霍尔特（Scholte）和凯波尔，我们最好也聆听巴文克成熟的思想和冷静的判断。若缺少了他，改革宗传统不会如此丰富。

---

[28] 在他书中关于巴文克美国之旅（1892 年和 1908 年）的章节中，赫普（Valentijn Hepp）发表了对美国的负面看法，但巴文克的美国朋友们对此并不赞成。见 Henry Beets in *The Banner*, 20 April 1922 and 22 February 1923.

参 H. E. Dosker to J.A. Bavinck-Schipper, 20 March 1923："赫普博士在他所写传记的第四部分并不幸运，我为此感到遗憾。他被巴文克对美国的批判性评论所吸引，但对我们所享用和欣赏的事物却保持沉默。" *Archief-H. Bavinck.* 布雷默（Bremmer）对 1892 年的美国之旅一笔带过。R. H. Bremmer, *Herman Bavinck en zijn tijdgenoten* (Kampen, 1966), 76.

第六章
新加尔文主义：服侍 21 世纪普世教会的神学

毛瑞祺（Richard Mouw）[1]

1872 年 4 月 24 日，500 多人聚集在新泽西州普林斯顿第一长老教会（the First Presbyterian Church of Princeton），以纪念查尔斯·贺治（Charles Hodge）在普林斯顿神学院里五十年的治学和教学。翌日，贺治备受赞扬，人们称他为彼世纪最伟大的美国改革宗神学家。在庆祝活动临近尾声时，贺治向聚集的要人致辞，并发表了简短评论以向与会宾客致谢。正是在这些总结评论中，贺治"对他的人生作了明确庄严的陈述"。他宣称令自己尤为自豪的是，在普林斯顿服侍的半个世纪中，"这个神学院从未产生新思想。"[2]

26 年后，亚伯拉罕·凯波尔访问普林斯顿，发表了 1898 年的斯通讲座（Stone Lectures）。在介绍加尔文主义神学与当代生活及思想之关联时，凯波尔表达了某种不同于贺治所阐述的精神。凯波尔宣称，加尔文主义此

---

[1] 编注：毛瑞祺博士曾任北美富勒神学院（Fuller Theological Seminary）院长，杰出的荷兰新加尔文主义研究专家。本章内容为毛瑞祺博士于 2015 年 6 月 1 日在坎彭神学院所做的《赫尔曼·巴文克讲座》。原讲稿发表于坎彭神学院的网站：https://en.tukampen.nl/portal-informatiepagina/herman-bavinck-lecture-richard-mouw-2。本文译自 Richard J. Mouw, "Neo-Calvinism: A Theology for the Global Church in the Twenty-first Century," *Calvin Theological Journal* 51 (2016): 7-19. 感谢《加尔文神学期刊》和毛瑞祺博士授予翻译许可。

[2] Paul Gutjahr, *Charles Hodge: Guardian of American Orthodoxy* (New York: Oxford University Press, 2011), 363.

时此地的任务"不是恢复其陈旧的形式"，而要以满足"我们本世纪之需求"的方式来表达加尔文主义的基本原则。[3]

毋庸置疑，贺治和凯波尔关于如何忠于改革宗传统截然不同的意见，并不能完全准确地衡量双方实际执行各自神学任务的方式。贺治显然有能力开拓新局面。此外，正如凯波尔经常积极参与教会性争论所做的那样，他肯定也可以抵制新的神学思想。然而，尽管我们已觉察出二者各自神学进路的复杂性，但我引用二者的陈述至少已简要说明，广泛的改革宗正统（Reformed orthodoxy）的传统中有不同的主导性趋势。其中之一是保护主义，即一种抵制重大神学创新的姿态，而另一种我们可称之为创新性地与新文化现实互动的趋势。

这两种趋势都有益于加尔文主义正统（Calvinistic orthodoxy）的事业。长期以来，在改革宗的传统中，人们对于如何忠实地持守改革宗信条一直存有分歧。[4] 一些人坚持要求逐条认同每份信条的每种表述形式。其他人则声言，真诚地认同这些信条所确认的基本神学原则即可。然而，在上述任一情况下，如果一个人不同意诸信经明确教导的一些细节，却宣称自己忠于信条，这是无法接受的。而后，在这界限内，贺治和凯波尔都会视对方显然是改革宗正统的共同捍卫者。

本人在神学上坚定地支持凯波尔。我们所生活的时代瞬息万变；不管是日常生活的大文化环境，还是我们支持在此文化变迁中基督徒群体持续宣教事工的努力，皆如此。这些挑战艰巨，但我更愿将它们视为神因护理而赐予我们的机会，好让我们用适当的方式将福音信息传入教会所处的时代和文化处境。

此外，亚伯拉罕·凯波尔和他年轻同事赫尔曼·巴文克之思想及见证，代表了改革宗正统中新加尔文主义一脉。我深信，新加尔文主义代表了改革宗传统中能帮助我们抓住时代机遇的最好神学思想。因如此忠于新加尔文主义，我乐于见到近数十年来对凯波尔和巴文克思想的兴趣已扩展至北美荷兰裔加尔文主义群体（他们是新加尔文主义的忠实支持者）之外，传到了更广的福音派群体中。诸多因素可以解释对新加尔文主义与日俱增的青睐，但关键因素显然是许多福音派人士深切渴望能越过纯粹的神学保护

---

[3] Abraham Kuyper, *Lectures on Calvinism* (Grand Rapids: Eerdmans, 1931), 41.

[4] 参 Roelf C. Janssen, *By This Our Subscription: Confessional Subscription in the Dutch Reformed Tradition Since 1816* (Ph.D. diss., Theological University, Kampen, 2009).

主义，得以更有力且创造性地参与 21 世纪复杂的生活挑战。在这一方面，凯波尔一直是焦点。他已被许多美国福音派人士视为一个委身的基督徒参与复杂文化处境的榜样。此外，他那句常被引用的宣言——被造界每一寸地方都属于耶稣基督——具有以基督为中心的特性。之于许多福音派人士，这一特性在基督为个人救赎者的赎罪之工，与承认基督国度的宇宙性范围之间建立了紧密联系。

直到近些年，福音派对新加尔文主义思想的兴趣与日俱增，他们却不得不依赖相当有限的英文资源，严重依赖凯波尔在普林斯顿神学院 1898 年的斯通讲座。自 1931 年以来，这个讲座一直以书籍形式供英语读者使用。所幸的是，现已有新译的凯波尔的英文著作（特别是他关于普遍恩典的恢弘巨著），并且先前无法获得的巴文克的著作（特别是四卷本《改革宗教理学》）也已有了英文译本。这两方面都为福音派人士研究新加尔文主义带来了重大变化。

我很高兴利用这次在坎彭举行的首届巴文克年度讲座之机，来庆祝英语世界对巴文克的兴趣日益增长。长久以来，对荷兰新加尔文主义起始的叙述，人们一直把巴文克当作凯波尔的替补角色。麦凯（James Hutton Mackay）在 1910 年格拉斯哥的哈西特讲座（Hastie Lectures）中，将巴文克描述为"忠于凯波尔博士且有学识的追随者"。[5] 然而，随着更多巴文克著作英译本的面世，我们现在可以赞叹他自身的才华横溢，并探索他涉猎广泛且极富原创性的神学研究，从而为我们理解当代的挑战提供急需的指导。

在谈到这一理解之前，我必须要先声明，我本人最近对巴文克的神学造诣有了深深的赞叹。我就是通过阅读凯波尔的斯通讲座，得以初步了解新加尔文主义丰富的文化异象，随后继续学习凯波尔的著作让我受益匪浅。不过，我必须坦言，正是巴文克越来越多地让我获益，从而我可以让自己的新加尔文主义影响 21 世纪基督教群体在生活和宣教中所面临的一些关键挑战。凯波尔经常"在奔走中"，可以说在身处各样激烈的辩论中，形成他的神学。巴文克并非如此，他有恒常持续的关注点，并以温和的口吻处理与他有显著分歧的观点。在下文，我将阐述在巴文克作品中找到的一些内容，认为它们有助于解决重要的当代关切。为此，笔者将简要地集中讨

---

[5] James Hutton Mackay, *Religious Thought in Holland in the Nineteenth Century* (London: Hodder and Stoughton, 1951), x-xi.

论三个话题——每个主题都具有多元化概念的特色：（1）神创造和救赎目的的多元性，（2）文化处境的多元性，以及（3）宗教的多元性。

一. 神目的的多元性

在新加尔文主义中，即使神在世界中创造和救赎之目的的"多样性"（Many-ness）不是唯一主题，它也肯定是一个关键主题。这启发了凯波尔那句常被引述的宣言：被造界中"所有领域没有一寸地方"不属耶稣基督权柄统治的范围。对于许多福音派人士而言，这个多样性的主题非常有启发性。个人的救赎至关重要，但神关心的不止于此。神喜悦良好的艺术、健康的家庭模式、公正的政治和经济关系以及严谨的治学研究。巴文克坚称，这种对神目的多元性的强调指出了非常基本的神学问题，也解释了他在讨论堕落前预定论和堕落后预定论的差异时细致处理这个话题的原因。堕落前预定论者认为，神创造计划的主要目的是把一切带入终末的状态，彼时被拣选者彰显神的怜悯，而被弃绝者显明神的公义。然而，此观点忽视了神"旨意的内容丰富充盈，就像整个世界的历史一样。"[6] 于是，宇宙"在被造界是一个适宜的剧院，显明所有神的属性。神构思的世界计划，是让它能够以适合每个被造物的方式和程度，光芒四射地彰显祂的荣耀和完美。"[7]

当然，巴文克在此所论的是新加尔文主义者理解普遍恩典的神学基础。神从起初就计划让人类顺从祂创造的目的，这不仅在于个体要通过个人的敬拜来荣耀祂，他们还要让遍地充满人类文化形成的过程和结果，以此荣耀祂。这些都是神所喜悦的，并且当神所创造的人也喜悦它们时，他们亦是真正在尊荣造物主的目的。即使人类堕落的诅咒弥漫于被造界，神也没有放弃这些原初的设计。基督赎罪之工使被更新的文化顺服的模式成为可能。此外，在堕落的状态下，即使非信徒创作了一首匠心独具的诗，一部叙述人类繁荣的电影，或在公共政策中带来公义，神也乐意看到祂最初目的也在蒙拣选群体之外，在更大范围社会中闪耀。

---

[6] Herman Bavinck, *Reformed Dogmatics,* vol. 2, *God and Creation,* ed. John Bolt, trans. John Vriend (Grand Rapids: Baker Academic, 2004), 390.

[7] Bavinck, *Reformed Dogmatics,* 2:373.

我此处顺便提到，尽管席尔德（Klaas Schilder）对未被救赎者的文化贡献不像巴文克那样持积极态度，但他仍抱有一丝希望，认为福音的影响有些时候可以"深入渗透，甚至渗透到未信之人当中"。席尔德说，这是因为有一种持续的、"所有人类之间的交流（*sunousia*）[8]，一种团结"。席尔德强调，不要将此与"文化相交（*koinonia*）"[9]混淆，后者"只有通过喜爱相同的基本原则而实现共同目标，是透过共同的信望爱促进相同的兴趣所建立的一种连接。"[10] 席尔德说，我们也不能以坚持"相交"是我们基督徒独有关切为由，忽视这种交流的意义。

巴文克非常强调神创造和救赎的目的在人类历史中积极的成全，并指出这些目的将在末世被完全启示。以下是他对奇妙末世场景的描述：

> 圣经告诉我们，荣耀的状态将会是丰富和灿烂得超出我们言辞所能描述。我们盼望新天、新地、新人性，一个被恢复的宇宙，一个不断进步发展又永不再受罪干扰的世界。为此，创造与堕落、亚当与基督、自然与恩典、信心与不信、拣选与咒诅——都以各自的方式一同效力，不是依照因果顺序，而是同时且和谐地运作。事实上，即使是当今世界并连同其历史，已经是神之完美的持续性启示。它将继续在将来的时代中深入且广泛地产生影响，并让新人性永远有新的理由来敬拜和荣耀神。[11]

我是在福音派学者群体内成长的。在这段岁月中，他们多次谈到"基督与文化"的话题。在很大程度上，尼布尔（H. Richard Niebuhr）于 1951 年出版的那本有影响力的《基督与文化》启发了这一话题。然而，近几十年来，人们的注意力已经从如何将基督教信仰与文化相关联，转移到如何理解基督与文化的关系，这是我所论的第二个多元性。

---

[8] 编注：此处为希腊文 συνουσία。

[9] 编注：此处为希腊文 κοινωνία，可译作"团契"。

[10] Klaas Schilder, *Christ and Culture,* trans. G. van Rongen and W. Helder (Winnipeg: Premier Printing, 1977), 55.

[11] Bavinck, *Reformed* Dogmatics, 2:391-92.

二. 文化背景的多元性

福音派仍然坚定地委身福音宣教。此外，宣教工作大量关注基督教的核心信念和文化背景多样性之间的关系。小山晃佑（Kosuke Koyama）在他那本有趣的名为《水牛神学》（*Waterbuffalo Theology*）的著作中对此有很好的阐述。当时，日本教会差派这位年纪老迈的神学家（却是一位没有经验的传教士）来到泰国北部。当地人日常与水牛一起站在浅水中，并且在季风降雨之下努力保持不被打湿。他仔细思考了向这些人传福音的方法。

小山告诉我们，他决定在读圣经时，想象自己在水牛旁，在水稻田里。当他这样做时，许多他以前未曾想过的文字和图像跃入脑海。他发现，圣经中有很多关于水的内容。神在雨水和洪水之上治理全地。但神却没有被淋湿！在他向那个地区的人介绍福音时，他开始放大这些主题。[12]

小山用此种方法竭力明白圣经对泰国北部文化所要讲的。他指出宣教士必须始终意识到自己"被夹在基督救赎的现实"和那些福音邻舍"与我相异的现实"之间。小山认为，这需要进行"两种解读：解读的神话语，以及解读与（宣教士）一起生活和工作之人的生活和文化。"这种双向解读让宣教士可以把在特定文化背景下提出的问题"带到神话语的光照和审判之下。"[13]

这种神学运用对新加尔文主义提出了重要挑战。正如之前所论，我们已经相当广泛地关注到文化形成在神创造和救赎设计中的作用，这些设计涉及人类互动的各样领域：艺术、家庭、政治，诸如此类。最近大家对文化多元性的关注，促使我们探索在多元文化背景下各种领域的具体表现。例如，尼日利亚的家庭生活和艺术与柬埔寨的家庭生活和艺术有何不同？巴西的经济生活和政治与苏格兰的经济和政治生活有何差异？圣经的世界观和生活观对于这些领域多元性和文化多样性的结合有何看法？

这不仅给新加尔文主义带来新的挑战，而且也为我们提供了机会，特别是当我们探讨巴文克如何预见许多核心神学问题将会影响文化的多样性时。巴文克在此要求我们在一个基本的神学层面上思考，特别要关注神的形像。他坚持认为，除了每个人是按照神的形像被造的事实，人与人之间还存在一种集体共有的形像。巴文克认为，在《创世记》的创造叙事中，

---

[12] Kosuke Koyama, *Waterbuffalo Theology* (Maryknoll: Orbis, 1974), vii-viii, 32-40.

[13] Koyama, *Waterbuffalo Theology,* 91.

按神形像创造人类"不是神与人同行的终点，而是开端。" 巴文克论到，在赋予第一对夫妇"生养众多"的使命时，神已说明"不只是一个人，也并非只是男人和女人，而是整个人类在一起才是充分发展的神的形像"，因为"神的形像太丰富了，一个人不管他的才能如何丰富，都无法完全实现这一形像"。此外，他提出这种集体性意义的形像"不是一个静止的实体"；在丰富多样的人类中，它"会自我延伸和展现"，传遍众多地域，遍及各个时代。

之于巴文克，对神形像的此种理解也必然具有末世的意义，届时"万国的荣耀都将被带入"新耶路撒冷。[14] "各族、各民、各国都将对丰富新耶路撒冷中的生活做出各自的贡献……以各种方式存在于众人之间的巨大多样性，在永恒中并没有被摧毁，而是从一切罪恶中得以洗净，并且可以助益于我们与神、以及彼此之间的团契。"[15]

对我们今天的讨论而言，这表明我们可以认为造物主将神形像的不同方面分赐给不同的文化群体，好比每个群体都接受了一个独特的任务，要发展神形像的某些方面。今天，我们有新的机会从这些任务中学习，期待地上的人在末世的聚集。那时，许多部落、不同语言和许多国家之人的尊荣和荣耀都将彰显在新耶路撒冷中；我们将看到绚丽多彩的神形像的丰满。

三. 信仰现实的多元性

第三个话题是多重信仰现实的多元化。很显然，若不迅速以新的方式与宗教多元化角力，我们就不可能在处理文化背景的多样性上迈开脚步。在这方面，巴文克也做了很多工作，帮助当今的新加尔文主义者处理这一复杂和有挑战性的议题。

在处理不同信仰之间的碰撞时，巴文克呼吁采取一种新的方法。他特别批评了"过去〔基督教〕宗教研究完全为了教义和护教之益处"的做法。他观察到，"以前的方法只是把诸如穆罕默德之类的〔非基督教〕宗教的创始人视为假冒者、神的敌人、魔鬼的帮凶"。巴文克认为，这种看待非

---

[14] Bavinck, *Reformed Dogmatics,* 2:577-78.

[15] Herman Bavinck, *Reformed Dogmatics*, vol. 3, *Sin and Salvation in Christ*, ed. John Bolt, trans. John Vriend (Grand Rapids: Baker Academic, 2004), 727.

基督教宗教群体领导人的方式已经站不住脚了，因为人们近来特别是透过"历史和心理学"所提供的洞见，对这些宗教"已有更精确的了解"。然后，巴文克做了如下神学判断："圣经说，在异教徒里也有神的启示、道（Logos）的光照、神的灵的工作。"[16]

巴文克在这些论述中诉诸一种十分活泼有力的神圣"启示"，它补充了圣经启示中最重要的内容。巴文克超越了自然神学和普遍启示的一般概念，并提出了三位一体的成员在其他宗教观点的特殊性中有动态性介入。他提议，三位一体的成员，即道和圣灵，可能以一些非常具体的方式，积极地在儒家人士或伊斯兰教信徒的精神追求中动工。

巴文克在此所论的一个尤为重要的重点是，他坚持认为仅仅在"教义学和护教学"的范围内着手处理非基督教的宗教是不够的。这并非说对圣经信仰的核心真理进行系统描述，或面对那些拒绝之人坚定捍卫这些真理是误入歧途的。对于我们这些委身福音之人而言，对此毋庸置疑。巴文克乃是说，尽管如此，为了正确理解和评估如儒家一类的教导，我们不能心无旁骛地只专心处理教义或护教问题。如果主要的问题是，前后一致的儒家世界观可以为我们指明如何与唯一的真神建立救赎性关系，任何福音派基督徒必须给出否定的答案。然而，如果我们能够将教义和护教的焦点集中在关于儒家人士本身是否能蒙拯救的问题上，那么我们可以依据能否阐明实在（reality）来自由地评估儒家各样特定的教导。我们可能会在儒家世界观中发现许多美善真实的元素。可以肯定的是，我们甚至可以借儒家对灵性实在（spiritual reality）的理解来丰富我们基督徒对宗教真理的理解。借着关注尚未仔细思考的灵性问题，我们或许可以达到此目的。

巴文克所鼓励的对其他宗教观点的一般处理方法，是密切关注特定观点特殊性之方法中的一种。这种方法由南印度教会斯蒂芬・尼尔主教（Bishop Stephen Neill）在20世纪提出。他借鉴了克莱默（Hendrik Kraemer）在其著作《非基督教世界中的基督教信息》中提出的论点，认为以比较法处理宗教研究的误导之处在于，它视"所有宗教为可衡量的"，即所有宗教受它们对共有概念之共同理解的影响。例如，当学者们言及神的概念，并将佛教、穆斯林、犹太人、锡克教徒的各种概念平行对比时，他们往往

---

[16] Herman Bavinck, *Reformed Dogmatics*, vol. 1, *Prolegomena,* ed. John Bolt, trans. John Vriend (Grand Rapids: Baker Academic, 2004), 318.

忽略了这一事实：他们正在把这些思想从与它们相互联系的其他思想中抽离出来。因此，正如尼尔所言，他们将这些观念从"宗教现存的结构中分离出来，在某种程度上，此种做法暴力地割裂了这一观念。"[17]

巴文克还希望我们在着手处理特定宗教观点的现存结构时，不仅具有灵性和神学的洞察力，而且还应对可能学到的功课持开放的态度。因此，他强调应用历史和心理学知识的重要性。

四. 多元化与慷慨

以上简要地谈到了创造、文化和宗教三者的多元性，我将以有关它们所构成的整体情况的个人反思作为总结。

这三个部分紧密相连。我们现在所直接了解的各种宗教观点必须要与它们特定的文化历史背景相联，因此巴文克坚持认为，我们要借鉴历史和心理学的洞见来处理它们，例如儒家思想。反过来，神创造和救赎的目的存在于不断展开的文化发展的历史进程中，此过程将最终在末世达到高潮。对这个目的坚定把握是理解这种文化处境多元性的背景。

在所有问题中，多元信仰显然是改革宗正统面对的最具挑战性的一个问题。虽然巴文克清楚表明文化领域的多样性已内置于神的创造设计，即使堕落没有发生，人类也会发展出各种体现世人尊荣和荣耀的文化，但宗教的多样性十分迥异。信仰的多元化纯属堕落后的现象，背离了造物主让我们"活着的主要目的是荣耀神，并以祂为乐"的意向。尽管这对我们尽力理解非基督徒的观点有益，同时暂时也有护教和教义的考量，但这并不意味着我们可以简单地放弃这些关切。只有透过耶稣基督的赎罪之工，人方能得救，"因为在天下人间，没有赐下别的名，我们可以靠着得救"（徒 四 12）。加尔文主义的正统与相对主义的普救论并不相容。

然而，对我们而言的重要问题是，在宗教多元化的世界中，我们在努力持守改革宗正统原则（tenets）中应该体现何种精神。小山在一次神学会议演讲中曾论到，每个神学家都必须决定自己研究圣经启示时所持的基本精神。他问道："我们所提的是一个吝啬之神的观念，还是一个慷慨之神

---

[17] Stephen Neill, *Christian Faith and Other Faiths: The Christian* Dialogue *with Other Religions* (New York: Oxford University Press, 1961), 3.

的观念？"我觉察到，在整个巴文克的著作中，他坚定预设了神的慷慨。我也意识到，在面对如何理解文化背景以及宗教间如何互动的挑战时，我们需要这种精神。

几年前，我遇到这样一种情况，当时需要对以前尚未认真想过的问题给出一些神学上的建议。我在中国大陆的几个"三自"神学院授课，一位非常有才华的中国年轻女士奉派为我的翻译员。在我们一起检查我将要讲的内容时，她告诉我自己几年前刚成为基督徒。她在佛教家庭中成长，如今深深地相信了基督。她还表示，她尚不能持续使用神学词汇来表达。

其实她翻译得很好。听众提出的回应问题就表明，她已经清楚地传达了讲座的神学内容。在与她最后一次会面时，我对她的工作表示感谢。突然，她脸上露出担忧的神情，说自己需要一些神学上的建议。她说自己真的很高兴能成为一名基督徒，但她的归信却影响了自己与父母的关系，为此她很难过。她说，父母作为虔诚的佛教徒，并未对耶稣充满敌意，而把耶稣视为一位很好的道德老师。他们对她成为基督徒感到非常不安，因为他们的女儿好像接受了一个咒诅所有祖先都下地狱的宗教。她流着泪，以恳求的语气对我说："尊重我的祖先对我而言很重要，我想向我父母保证，我不想侮辱我的家族传承。所以，请告诉我，作为一个基督徒，我对父母该如何说。"

我脑海中立即出现的便是那段时间一直在思考的一段经文。这是一个年轻人的故事。为了将他带到救主那里得医治，他的朋友们在一个人的屋顶上挖了一个洞。我提醒她这个故事，然后引述了耶稣在《路加福音》五20的话："耶稣见他们的信心，就对瘫子说：'你的罪赦了。'"

我告诉她，这节经文对她家这种情况是一个勉励。耶稣医治了这年轻人，是因为他朋友们的信心。有时，当我们代表那些当时无法有信心之人表现出信心时，耶稣对此也看重。这也是有可能的（我强调的是"可能"）。我接着说，可能在她的家庭环境中，在她面对祖先时，主允许她的信仰有一席之地。我告诉她，至少她可以告诉父母，她十分尊敬她祖先，以至于她热切地祈求神怜悯他们。

她面色喜悦起来，向我表达了感激之情。当然，我自己也有疑虑，在辅导她的过程中，自己是否已越过正统的界限。但与此同时，我确信我们这些基督教神学家不可避免地会代表她，设法解决在她的亚洲文化背景下的紧迫议题。

近日，曾广海（Simon Chan）的重要著作《草根亚洲神学：从底向上思考信心》以非常有益的方式加强了我要认真研究这一主题的信念。曾教授是新加坡三一神学院教师、五旬节派神学家，他严厉批判代表西方普遍观点的"精英"神学家中的主导性神学方法论。他认为，亚洲草根基督徒对自我文化处境的深刻把握与精英神学所表述的不同。这些当地信徒寻求教会群体，通常是在五旬节教会。在这些群体中，他们按照福音认真对待自己所沉浸的当下文化的现实情况。

例如，曾广海相当详细地探讨了亚洲普遍存在的荣辱文化如何与西方福音派相关联，因为福音派通常主要关注罪和罪咎的概念。他并不否认我们有罪且有罪咎的事实。但他认为，若不注意荣辱的主题，就会错失圣经所告诉我们的关于我们共同人性的许多内容。

在这方面，曾广海提到了敬奉祖先的话题，指出了我那位年轻的中国翻译员向我认真表达过的同样的关切。曾广海专门谈到日本本土五旬节运动，那里经常有人抱怨说，传统新教思想并不能解决敬奉祖先的问题。曾广海告诉我们，这些当地运动为弥补这种疏忽而采取的措施，是透过一种更广意义上的活人与死者之间的持续关系强调圣徒相通。此外，这些运动制定了"精心设计的关于传福音和与死者相交的仪式"，其中包括"把死者交托于神的怜悯。"[18]

曾广海小心谨慎地赞赏这些探索，指出这些探索"建基于基督论之上"，并"足够有别于儒家和道教的祖先仪式"。此外，他说："当我们采取大胆的措施寻找适当的基督教仪式来表达对祖先的敬奉时，新的神学洞见已然出现。"[19]

我要明确表示，本人不同意曾广海对这些发展谨慎却乐观的评估。我想指出的是，他所描述的实践可以依据我已论述的与新加尔文主义有关的三个主题来考量。例如，曾广海观察到，深切致力于"敬奉祖先显示出其在亚洲家庭那无可比拟的价值。"[20] 那么，它就与对家庭领域的神学性关注有关，强调我们有责任更仔细地思量这些问题，而不只是像我们这些加尔文主义者迄今为止所做的而已。敬奉祖先观念如此深嵌于家庭生活这一

---

[18] Simon Chan, *Grassroots Asian Theology: Thinking the Faith from the Ground Up* (Downers Grove: IVP Academic, 2014), 193-94.

[19] Chan, *Grassroots Asian Theology,* 202.

[20] Chan, *Grassroots Asian Theology,* 159.

重要的被造领域中。这种艰难的神学工作归功于那些生活在这种处境中又已经对耶稣基督有救恩知识的人。我们也应将这工作归功于我们的文化环境，人们在其中对家庭和婚姻的本质提出了许多新问题。

在此，我也诉诸巴文克在描绘神圣慷慨时的精神和文字。我坚称，巴文克的描述是加尔文主义正统的典范。关于那些没有听过福音之人的救赎情形，巴文克给这一奥秘留有很大余地。他说："根据圣经，对于异教徒还有夭折婴儿的救恩问题，我们都只能约束自己，不给出严格的判断，无论是正面的或负面的。"然后，他引用了《威斯敏斯特信条》中<有效呼召>那一章。该章断言，"蒙拣选的夭折婴儿，由基督通过圣灵重生和拯救，而圣灵何时、何地以及如何工作，都按照祂喜悦的方式。"在信条随后的论述中，我们发现这也适用于"所有其他无法得到圣道事工外在呼召的人。"[21]

巴文克在批评堕落前预定论者"单一旨意"（single decree）概念时，也论述了同样课题。他坚持认为，"神对那些永远失丧之人唯独彰显祂的公义，而对于选民唯独彰显祂的怜悯"的说法并不恰当。"神的公义同样也向被祂儿子的血所赎买的教会彰显。"然后他立即补充如下结论，"在灭亡的地方，也有不同程度的惩罚和祂点滴的怜悯。"[22]为避免我们误解他所说的这一点，他在三页之后又复述一遍："神的公义只彰显在失丧者的悲惨中，祂的怜悯只彰显在蒙拣选者的恩福中，这一说法并不正确。因为祂的公义和圣洁在天堂里也光照出来。即使在地狱里，也有祂慈爱和良善的些许证据。"[23]

我需再次声明，关于亚洲本土基督徒给死者传福音的做法，即使曾广海谨慎支持，本人也不完全认同。我告诉中国那位年轻翻译员，她应该代表她的祖先，在神宝座前祈求。这位神就是《威斯敏斯特信条》宣告的"在何时、何地、如何做工，都按照祂喜悦的方式"的神。我认为自己不会因此遭受赫尔曼·巴文克的责备。事实上，在这位年轻女士翻译过的一次讲座中，我确实提到了赫尔曼·巴文克的名字。也许有一天，她会记得这个名字，并读到巴文克的《改革宗教理学》。若然，我坚信她会很高兴地看见巴文克的神学探索深刻地阐述了 21 世纪普世教会的关键议题。

---

[21] Herman Bavinck, *Reformed Dogmatics, vol. 4, Holy Spirit, Church, and New Creation*, ed. John Bolt, trans. John Vriend (Grand Rapids: Baker Academic, 2004), 726.

[22] Bavinck, *Reformed Dogmatics*, 2:386.

[23] Bavinck, *Reformed Dogmatics*, 2:389.

索 引

人名索引

一般索引

Printed in the USA
CPSIA information can be obtained
at www.ICGtesting.com
LVHW010027290923
759503LV00003B/208